爱情的逻辑

破除 亲密关系中的 认知陷阱

中国友谊出版公司

蔡垒磊 —— 著

图书在版编目（ＣＩＰ）数据

爱情的逻辑：破除亲密关系中的认知陷阱 / 蔡垒磊
著 . -- 北京：中国友谊出版公司，2020.2（2020.4 重印）
ISBN 978-7-5057-4862-0

Ⅰ.①爱… Ⅱ.①蔡… Ⅲ.①恋爱心理学 Ⅳ.
① C913.1

中国版本图书馆 CIP 数据核字 (2019) 第 288543 号

本书中文版权归属于银杏树下（北京）图书有限责任公司。

书名	爱情的逻辑：破除亲密关系中的认知陷阱
作者	蔡垒磊
出版	中国友谊出版公司
发行	中国友谊出版公司
经销	新华书店
印刷	北京盛通印刷股份有限公司
规格	889×1194 毫米　32 开
	7.25 印张　122 千字
版次	2020 年 2 月第 1 版
印次	2020 年 4 月第 2 次印刷
书号	ISBN 978-7-5057-4862-0
定价	39.80 元
地址	北京市朝阳区西坝河南里 17 号楼
邮编	100028
电话	（010）64678009

前言

第一章

概念

搞懂基础问题

第二章

匹配

明确选人逻辑

第三章

权衡

打破金钱困局

第四章

相处

维持和谐关系

第五章

警惕

解密人性大坑

第六章

掌控

引领幸福走向

前言

▷ 为什么你必须读完这本书

　　请原谅我用如此口吻的标题开头，其实读完还是不读完这本书，于我而言并没有太多额外的收益，因为我的收益在你给书店付款的那一刻就已经结算完毕了。

　　然而，我还是建议你能认真地、一字不落地读完这本书，因为我相信这可能是一本对大部分人的爱情观、婚恋观、处世观都有脱胎换骨般影响的书。如果你购买了它却没有逐字阅读，那么很遗憾——这个遗憾指的不是你的感受，而是我的感受，因为没有认真阅读，你也就不知道自己错过了什么。

　　有人说，这个世界上有和你最为相配的另一半，你们的存在是上天注定，你余生唯一的工作就是通过缘分找到这个人。

　　这样的表述非常唯美，但我们心里知道，这是假的。

　　这个世界上并没有所谓的跟你最相配的人，就算现在你认为自己找到了，也可能会在未来的日子里不断遇上跟你更相配的人，只要你的社交范围足够广。同时，由于你自身各方面的价值在实时地变化，所谓跟谁"配不配"本就是一个动态的过程，又哪来"注定"或"最"之说呢？

每个人都希望在可匹配的范围里找到更好的另一半，所以当我们决定跟某人在一起时，通常来说，我们找到的就是现阶段能匹配到的最好的对象，无论这个"好"指的是金钱、地位、外貌，还是个性、气质、谈吐。总之，是我们能选到的综合性价比最高的人，当下肯定是让我们满意的，否则便不能走到一起。

但走到一起仅仅是第一步，我们在接下去的第二步、第三步常常会把事情搞砸。你有没有想过，为什么爱情总会在一段时间后消失？谈了这么多次恋爱都毫无结果，难道爱情的特性就是这样吗？

不，就是让你给搞砸的。

这个世上有90%的人都不具备成熟的爱情观，但它与是否能计算出"1+1=2"不同，它没有那么显而易见，以至于绝大部分人认为自己属于另外的那10%。

这本书将明确地告诉你，什么是对的，什么是错的，为什么这样才是对的，以及为什么你必须这么做。

两个人能始终幸福地走到最后，很大概率是因为这两个人都拥有成熟的爱情观。有人说："嘿，这难不倒我，只要我能找到这样的另一半，让他带着我走，一切就迎刃而解了。"而事实上，没这么简单。如果你希望找的是有成熟爱情观的另一半，请记住，他也在寻找同样成熟的你。若你不够成熟，那么就算有幸遇到了，你们也很可能无法在一起，即使在一起，也无法长久地在一起。

所以，今后当你和你的潜在考察对象见面时，最好先拿出这本书，问问他是否读过；如果他读过，问问他有什么体会。如果他的体会和你的相近，那他或许就是一个还不错的伴侣。这虽然只是其中一个筛选条件，但比拿房子、车子来判断要靠谱得多。

最后，我要给出一条将本书分享给伴侣一起阅读时的忠告：对于已有伴侣的人来说，虽然一起阅读这本书将有可能极大地提升你们的爱情体验，但在阅读时请不要将我的性别代入进去（无论是把我当成男性还是女性），也不要将我作为一个潜在的参照对象（无论我本人是成功还是不成功），因为这可能会使部分读者由于对我个人产生情绪而影响到对正确认知的摄取。我只是一个作者，一个只有灵魂没有性别的作者，与你们的现实生活无关，切记。

祝每位读完本书的人都能收获更为持久的爱情。

蔡垒磊

2019 年 6 月 6 日

第一章

— 概念 —

搞懂基础问题

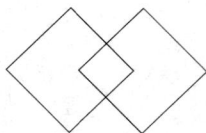

突围方向 ▷

经营不好爱情的原因有很多，但最底层的原因一定是在爱情相关的基础认知上出了问题。

我们接触的信息越来越多，大脑却越来越迷茫，因为听人说 A，觉得有点道理；听人说 B，好像也没错。于是在具体执行的时候，就只能这样做——"A 对我有利，就用 A 做武器；B 对我有利，就用 B 来给自己开脱"。

其实在你脑子里的这些东西根本不叫道理，而叫工具，是用来说服别人或为自己争取利益的工具——你并不知道什么才是事情的"真相"，于是当真相和自己的利益相悖时，你就会自然地把"反真相"拿出来作为"真相"，行为当然就时不时地随着利益而偏离正确的轨道了。

想在后面把更复杂的逻辑理清楚，就请在这一章先把自己的大脑清洗一遍吧。

认知清单 ▷

1. 缘分通常是为人们说服自己做某个决策，或者找某个理由而服务的。

2. 随缘并不是一种生活态度，而是利弊权衡下的选择。

3. 喜欢一个人，从理论上讲一定是有理由的。

4. 爱情是一种在越来越接近与两性相关的特定目的的过程中产生的肾上腺素飙升的感觉。

5. 找不到对象是由于人们把自己的 "PE" 值估高了。

6. 一个人能让别人 "图" 的地方越少，就越难以拥有自己理想中的爱情。

7. 无论做什么事，无论名义上为了谁，一定是首先为了自己。

8. 配偶是最亲密的合作者，以你为圆心的所有关系能够享受到多少来自你的 "恩泽"，都取决于你和你的配偶创造财富的能力，以及你们的分配意愿。

缘分
是否真实存在

缘分是怎么回事

缘分的事，谁也说不好。

缘分来了，挡也挡不住。

有缘的话，他日自会相见。

注定无缘，就别再强求了。

……

除了以上，我们还听过很多关于缘分的表述，这些表述究竟是对是错？

缘分听起来玄之又玄，说不出什么道理，但当我们拿现实经历和感受往上套时，又觉得似乎缘分就是如此。这种说不清、道不明却被人认为由于科学没有发展到更高层次，所以暂时无法解释的东西，往往需要引起我们的警惕。

按世人对缘分的描述来看，缘分代表了一种人与人之间的隐性关系，人们通常用它来描述一系列"看似偶然，实则注定会发生"的事件。

这世上真的有什么是注定的吗？我们无法预知未来，通常只能从结果上判定——我跟他数次不期而遇，我们在当下似乎是有缘的；在一起后又因为一些事而分开，大概是有缘无分；但可能又因为一些事而复合了……所以这究竟是有缘还是无缘，是有分还是无分？

我们很容易就会发现一个事实，那就是所谓的"注定"，其实都是对结果的"事后诸葛亮"式的解释，完全罔顾结果产生之前有无数种导致其他结果的可能性，这是人类的一种幻觉。如果一定要用缘分来描述，那么我们和所有人都可能有缘，也可能随时与这些所谓的有缘人失去既有缘分的连接。

有句话叫"男人一有钱，跟谁都有缘"。这句话除了调侃和讽刺之外，还说明了"钱"可以使原本不会产生交集的两个人产生缘分。例如，原本B不喜欢A，但A突然变得很有钱，所以B就可能跟A在一起了，两人便产生了缘分；原本之后出现的C和A也没什么交集，但由于得知A有钱了，所以A和C也产生了缘分，且直接导致A跟B解除了缘分。从这个角度看，似乎有钱就可以增加一个人跟其他人有缘的概率？显然这样的解释是不靠谱的，如果是这样，美貌也可以，身材也可以，工作也可以，一个人只要在任意一方面变得更优秀，就能跟世界上所有的异性都变得更有缘，这还是注定吗？

有缘和无缘是对当前状态的一种人为结果定义，这种定义非常主观，很容易受个人偏好的影响。人们通常是内心在某个决策上有选择某一边的倾向，于是当缘分理论有利于这个倾向的时候，就选择用缘分来解释。例如，某普通男生经常跟某女神不期而遇，就会想自己是否命中注定与她有缘，而如果经常不期而遇的是某丑女，那么根本不会有这种想法。因此，**缘分通常是为人们说服自己做某个决策或者找某个理由而服务的。**

当然，有人会觉得把客观事实看得太清楚就失去了一点朦胧的美感，但这种美感往往是靠非理性决策换来的，也就是所谓的"自愿变傻"。所以，如果你是看清了完整事实后自愿变傻的，那是个人选择，无可厚非；但如果你对缘分理论将信将疑，现在明确知道缘分是怎么回事，你就会更加清醒，不会因为几次偶然的碰面而产生多余情感，同时能在别人对你进行此类概念植入时保持足够强的警惕性。

该主动争取还是随缘

既然缘分是这么回事，那"随缘"又是什么意思呢？随缘代表不主动改变，通常当一个人决定在某件事上随缘时，那就说明要么他对这件事的发展状况基本满意；要么他不愿意努力改变，所以找了一个托词；要么由于不清楚做出选择后情况会变好还是变坏，所以他选择什么也不做。

随缘并不是一种所谓的生活态度，而是一种利弊权衡下的选择，所以得"一事一议"。声称自己把随缘当成行事准则的人有很多，但没什么人会在生命受到威胁且自身可以避免这种危险的情况下还选择随缘，"选择随缘"这个选择本身也是考虑了得失状况的。

于是，人们常说的"缘分不可强求"当然也就不正确了。"不强求"也是一种选择，代表放弃努力，这是个权衡利弊之后的决策，所以无论如何都不能得出"就算努力，结果也一样"的结论。

这个世界的任何事件都有着0~100%的发生概率，努力了没成功很正常，但这不代表努力没有使成功的概率增加。感情是这样，友情也是这样，跟某个朋友的关系因为"随缘"而淡了，是由于双方本身就没有很强的维系关系的意愿，跟"注定"和"缘分"没有关系。

用"缘分论"去指导行为当然是不靠谱的，其实"谁跟谁在一起"这件事特别简单，偶然因素占大头，个人努力占小头。

一个人每天可能会做100件事，这100件事可以分解成1000件小事或10000件更小的事，只要改变其中某一件极小的事，或在某个时刻产生一个念头，就很有可能改变你"最终跟谁在一起"的结局。例如，你因为跑步打电话而撞上一位美女，一来二去可能就在一起了。导致你们遇见的概率非常多：你可能今天临时决定运动，打电话给你的人可能也是偶然打了这个电话，美女可能刚好只有今天路过，也可能临时转向过马路……这么小的概率还不是注定？当然不是，当你试着改变其中某个条件的时候，你可能会有完全不同的人生，但你依然会觉得正常，因为你看不到当前人生轨迹以外的可能性。如果一定要类比，这就像是把小球随机丢进无数个洞的其中一个，无论进了哪个洞，你都会觉得不可思议——这么多洞，怎么偏偏就进了这一个？这其中是不是有某种力量的牵引？

以上只是关于遇到的偶然性，最终要在一起，那需要的条件就更多了。例如，若你本身没有相应的价值去匹配，那么就算接触到了价值更高的人，你们也极少有机会发生点什么。所以"跟某人在一起"这件事，不仅如丢小球一般与很多可能性有关，还跟你的社交范围、个人偏好、情商、在每时每刻展现出来的个人价值、所处的环境带给你的社会压力等无数与你自己相关的因素有关。

假如你稍微对幸福感有点儿追求，那么与其相信缘分，不如认认真真地把"遇见、选择、过日子"的逻辑理清楚。

我们可以用打牌来比喻：

选伴侣就像选牌，过日子就像打牌，想要把牌出得顺畅，前提自然是牌好。谁都希望自己起手就是一把好牌，只是起手的好牌通常是给男神、女神准备的，普通人有很大概率摸不到好牌，只能拿到跟自己在人群中的世俗地位大致相称的牌。

此时，如果你跟别人的牌比较了一下，觉得不够满意，那么你有两个选择：

1. 继续打下去，把这副牌打好。随着你对自己的牌型和打牌技巧越来越熟悉，用点心的话，你是可以在这副牌允许的范围内达到接近上限的位置的；

2. 你也可以选择换牌（换伴侣），可能换得更好，也可能换得更差。只是换牌也有成本，最怕的是随着时间的流逝，你自己的"交换价值"也在下降，例如年龄增大但其他方面的吸引力又没有增加或增加得不够快，于是你换到的牌大概率是越来越差的。这种情况下如果你还频繁换牌，就等于每次都得在更差的池子里选牌——就像在单纯的比大小游戏中，原本可以在6~10中选，过几年再换牌或许只能在3~7里选了。

很多人被"缘分论""命运论"框定了一生，认为自己的命运注定就是如此，再努力也没有用，于是选择认命。这不是笨，也不是懒，就是概念不清楚。我常听到人们说"想多保留一些感性"，保留更多感性或许没有错，但一定是有代价的，比如因概念不清而在行动的目的和决策上南辕北辙。

这个世界上并不存在命中注定，如果真有，也是命中注定你看到了这本书，命中注定你会相信命运掌握在自己手中，命中注定你能通过努力拥有更好的结果。对绝大部分人而言，其所处状态跟命运的关系远不如跟自己的关系大。

究竟
什么是爱情

爱情是个什么概念

　　古往今来，有一些概念，大家各执一词，谁也无法说服谁，但又都认为自己理解的是正确的，或者即使自己说不清，也没有什么人能说得清。这些概念里，"爱情"绝对是其中之一。

　　我们不用文艺和抽象的语言，直击爱情的本质，来看看爱情是怎么产生的。

　　要产生爱情这种感觉，首先得对对方有好感。这种好感可能是外貌上、气质上的一见钟情，可能是性格上的吸引，也可能是某个让你心动的瞬间……这都不重要，重要的是这一切都可以归结为一个点，那就是你不反对跟眼前的人至少就这个好感部分有进一步的接触。再挖得深一点，为什么你不反对就这个好感部分有进一步的接触？答案是"必定有利可图"——或许是荷尔蒙带来的冲动，或许是物质上的收益，或许是能有面子，又或许是单纯心里感到舒服——凡吸引，必有利。

当然，肯定会有人不认同这一点，有人认为喜欢一个人或对一个人有好感不需要理由。这种说法并不严谨，**喜欢一个人理论上一定是有理由的**，只是有些理由被我们遗忘了，有些理由我们刻意不去想或刻意回避，为的是不在自我评价时给自己一种为了某种利益才喜欢某人的感觉，因为这样会让我们感到羞耻。

爱情始于"利益"，这种利益是广义上的利益，不仅是金钱，就像做慈善也是获得了受人尊敬或遵从内心道德感的心理利益一样。从这个层面上讲，**一个人想主动或自愿与另一个人接触，一定因为这是一件对自己有利的事**。

那多数人的爱情感觉为什么又会随着相处时间的拉长而逐渐减弱呢？这是因为利益渐渐消失了，无论是性欲减退还是审美疲劳，又或者是物质上"你的成了我的，我的成了你的"，两个人在一起时，如果对对方的"企图"慢慢减少，爱情的感觉就必然会慢慢减弱。

这里就需要强调一下"企图"对爱情的重要性，也就是我们刚才说的对广义上的利益诉求。

保持"双方的企图"非常重要，哪怕高价值的 A 女对低价值的 B 男仅有"他脾气好，能忍让我"的企图，但 B 男在长年累月的相处过程中如果对 A 女能够提供的"利益"是呈"边际企图递减"的，例如习惯了 A 女的美貌（这里的边际企图递减就是说，哪怕 A 女的美貌随年龄增长有小幅增加，通常也赶不上 B 男习惯或厌倦的速度），那么其对 A 女的忍让自然也会慢慢减弱。尽管相对于 A 女的态度，B 男还是显得相对忍让，但 A 女可能忍受不了落差——"你怎么没以前那么爱我了"——其实这就是 B 男对 A 女的企图减弱了，让这种关系很难长期保持下去。

我们都有这样的经历，收到某人信息的一瞬间，感到心跳加速，这是由于我们在跟对方接触的过程中，感觉离自己的"企图"、离自己想达成的目标越来越近，这种"更有机会达成目标"的感受会导致肾上腺素飙升，因此，我们离目标越近，心跳就越快。

总得有个词来形容这种彼此心跳的感觉吧？我们就创造了一个词——爱情。什么时候我们感觉到爱情没了，其实本质就是对对方没企图了，肾上腺素不飙升了。

那么，爱情的定义是什么？

我们基于"企图论"给爱情下一个通用定义：**一种在越来越接近与两性相关的特定目的的过程中产生的肾上腺素飙升的感觉。**

有没有可能同时爱上两个人

爱情的感觉并不特殊，我们在其他事上也经常有这种肾上腺素飙升的感受，爱情仅仅是在特定领域的表现。那么，一种如此常见的感受为什么常常被描绘得如此神圣，还被人认为一个时间段内只能对唯一的某个人产生呢？

当我们把爱情进行彻底解剖之后，就会发现，很多带了一点文学色彩的爱情描述都得打个折扣。

很多人看《鹿鼎记》的时候可能就有一个疑问，韦小宝见一个爱一个，这肯定不太符合我们现代人的爱情观和婚恋观。但他喜欢了新人之后，也不厌烦旧人，而且看上去不完全是责任使然，还是有真实的爱情存在。

当然，这是小说虚构的情景，现实中是否真的存在这样一对多的爱情呢？

我们暂且不论法律上对婚姻的规定是怎样的，因为婚姻是婚姻，爱情是爱情，爱情是一种感觉，感觉是不受法律约束的，只有执行具体行为的时候才会受到法律约束。

爱情只是一些特定形式的企图导致肾上腺素飙升的感觉，因此一个人对另一个人有两性相关的企图很正常，且这种企图不会以其在法律上有一段婚姻事实而消退。

所以，我们得出了一个简单的结论，**无论我们是不是有**

一个所爱之人，我们都会在某些情境下对其他人产生爱慕的感觉。

接下来我们就要论证，当对新人产生爱慕感觉的时候，对旧人的爱是否马上就消失了呢？如果是，那么爱情只是发生了转移，就不存在同时一对多的情况。

我想很多人或许都有过这样的亲身体验：当我们正处在某段爱情里却又爱慕上了另一个人的时候，我们会有强烈的意愿继续保持跟旧人的关系。有人说这可能只是对旧人保留了愧疚等情绪，那其中有没有可能包含最单纯的爱情成分呢？当然可能。

你喜欢A的性格从而跟A在一起了，这不代表当B出现时你不会爱上B的颜值，这是完全不同的感觉。喜欢梁朝伟的脸和喜欢沈腾的幽默并不矛盾。

每个人都有着很多维度，我们无法将别人身上某些自己最喜欢的维度与其整体割裂开来，比如喜欢某人的脸，就光跟他的脸在一起；喜欢某人的性格，就光跟他的性格在一起，这是做不到的。我们当然希望遇到一个所有方面都符合自己需求的人，但通常情况下遇不到，就算遇到了，自己也不一定恰好就是对方理想的人。我们只能选一个综合条件最合适的人，顺便包容其在其他维度让我们不满意的地方，这是由于人的不可分割性导致的退而求其次的选择。

但是，在某一维度退而求其次不等于不再欣赏其他维度。例如，某男性拥有一个各方面都还不错的妻子，但他仍然可能对路过的明显长相更漂亮的美女动心，甚至可能会臆想跟美女在一起之后的场景，哪怕只是一瞬间。

我们都该明白，爱情是爱情，生活是生活，我们可能会爱上无数的人，这跟现在和谁生活在一起并没有什么关联。现在跟我们生活在一起的那个人，是我们在决定要找人一起生活的特定时间段里碰到的有限人选里的最佳选择，仅此而已。

如何区分喜欢和爱

当我们把爱情的概念"剥皮拆骨"之后，有人会提出，刚才所说的某些情况其实只是"喜欢"，并不是爱情，这两者不能混淆。

的确有人问过我这个问题：如何区分喜欢和爱？

有人说，喜欢是占有，爱是奉献；也有人说，喜欢是浅一点的，爱是深一点的，诸如此类。我们不该执着于字面上的解释，如果喜欢是浅一点的、刚有点心动的那种，我们把它叫作"浅爱"可不可以？这样看起来就同属于爱情的类别了吗？字眼是人造的，我们应该去了解的是喜欢和爱背后的本质。

当我们为了达成某些目的，或者意识到可能拥有更大的机会俘获对方的心，从而自愿为对方付出的时候，我们指的是什么，喜欢还是爱？并没有这样的区分，有的只是我们在一瞬间衡量了自己的成本和可能的收益之后，决定是否为对面的人付出及付出多少而已——两个人之间的差距大不大、做了某事之后成功的概率大不大、成功以后的收益大不大、能不能承受来自外界的压力等因素决定了我们是做还是不做，以及做到什么程度对我们最有利，这中间并不存在喜欢就做某些特定的事，爱就做另一些特定的事。

喜欢也好，爱也罢，归根结底都是一个人对另一个人的欲望。千万别被一些似是而非、带有文学色彩又夹带"私货"的概念绕晕了，它们只会让你无法做出正确的决断。

你真的能分清
爱情、亲情和友情吗

爱情和友情真的好分吗

大部分人认为自己可以轻易地区分爱情和友情 —— 自己还能不知道自己所处的状态？真实状况还真不一定。

当爱情和友情状态很明显的时候，例如一个异性恋者面对着异性的恋人和同性的友人，几乎每个人都能区分出自己对对方是什么情感。如果一个异性恋者面对的是异性的友人呢？这时候就不那么容易了。

人类的感情很复杂，尤其当有机会同时并存多种感情的时候，就显得更为复杂。人的大脑并非时刻都保持客观理性，所以经常会被自己的某种目的驱使而对事物做出有偏向性的解释，且常常会将这种偏向合理化，这就容易造成不客观，而这种"不客观"或许自己都意识不到。

生活中，我们经常听到有人问：男女之间有没有纯友谊？其实要回答这个问题特别简单，就看男女之间有没有产生荷尔蒙的土壤。如果没有，例如一个小男孩跟老婆婆之间建立了友谊，那就是纯友谊；如果有，两个人就有发生超友谊两性亲密关系的可能性，那么不管当事人如何辩解，都无法确定友情里有没有爱情的成分。

爱情和友情在感受上都表现为一种"想跟对方在一起"的感觉，它们之间的区别在于行为，爱情有属于爱情的想做的特定行为，友情有属于友情的想做的特定行为。

这里的重点是"想"，而不是"做"。例如，你想跟某个以"友情"模式相处着的异性朋友发生与爱情相关的两性亲密行为，哪怕只是想想，爱情的成分也在。之所以平时表现为友情，可能是担心表达了以后被拒绝，也可能是担心会有不好的结果，甚至可能是迫于社会压力等，但这种外在表现形式并不能用来区分感受的种类。

因此，当你判断对对方是什么感觉的时候，只要诚实地从**"我想跟对方一起干些什么"**来判断，就能清楚地知道你们之间到底是友情、爱情，还是两者皆有。

相处久了，爱情会变成亲情吗

友情和爱情是从"想"的内容上来区分的，爱情和亲情之间也是如此，重点是你想跟对方做什么。

有人说，相处久了，爱情就成了亲情。

如果你是一个爱独立思考的人，就会发现这完全没有道理。爱情和亲情是两种完全不同的体验，之所以说"相处久了，爱情成了亲情"，通常是由于经历了长时间"对爱情不友好"的过程，导致爱情消失，而长时间固定配合的生活习性又导致彼此分开会感觉不舒适，从而产生了所谓的亲情感受。这是一个"你来我走"的过程，并不是转换。

大家喜欢接受"爱情久了就会成为亲情"的说法，是因为能长时间经营好爱情的人凤毛麟角，而做不好的人占绝大多数，于是这种"能够推卸做不好的责任"的说法就容易在大多数人那里流行起来。

而仅有极少数真正的思考者才会明白，爱情就是爱情，亲情就是亲情。我们通常说的配偶之间的亲情，指代的往往是"谁也离不开谁，但就像左手握右手一样，没有了心动的感觉"的状态，这恰恰是典型的搞砸了的爱情。

爱情是一系列特定企图引发的肾上腺素飙升的感觉，没了特定的企图自然就是没了爱情。长时间固定模式的习惯更容易产生类似亲情的感受，所以，是不是产生亲情也不错？不，配偶间的亲情在感受的"总刺激强度"上是比爱情要低一级的，它更多时候是一种对对方能保持固定友好的合作习惯的期待，产生的幸福感并不多。

爱情很脆弱，一不小心就会"丢"，而丢了之后，因为先前相处时不怎么愉快的、感觉平淡的记忆会一直跟着你，所以爱情也就不容易再找回来。想要让爱情属性尽量不消失或消失得慢一点，我可以给你4条小建议：

1. 减少生理上的接触频率，尤其是特别亲密的动作的频率

性吸引力是异性之间最重要的吸引力之一，所谓的一见钟情，很多时候都源于性吸引力，这也是"爱情企图"中很重要的一个组成部分。

但性吸引力会随着接触频率的提升而消退，所谓"左手握右手"，其实就是习惯，习惯本身不会产生幸福感，也不会让人产生期待感。很多人会在短时间内不断追求更亲密的接触来满足内心的期待，可这同时是一个提前耗尽长期性吸引力的过程，前面得到的满足越多，后面无感的日子就越长。

2. 增加自身的社会吸引力

当我们谈到对某人有"企图"的时候，我们指的往往是一个"企图整体"，这里既包含了这个人的性吸引力，又包含了财富、地位方面的社会吸引力。如果说性吸引力在长期趋势上不可避免地会走向滑坡，因此只要稍稍控制一下滑坡速度的话，那么社会吸引力的上升和下降则完全掌握在每个人自己手里，每个人都可以通过增强自身的社会吸引力来让对方继续对自己保有"企图"。

3.管理对方的期待值

我们提到过"习惯本身不会产生幸福感",任何习惯都是如此。因为一旦你习惯了某事,那么无论在别人眼里这件事多么幸福,你自己都感觉不到它的存在,只有当你拿它出去对比的时候,幸福感才有可能会闪现一下。

因此,若是双方都对彼此的行为表现期待过高,生活中就一定会充满失望,每个人都必须学会"管理对方期待"的艺术,这会在本书的最后一章中详细展开讲解。

4.极度克制自己的"邀功"冲动

很多人都有一种倾向,当想获得对方回报的时候,你会把自己对对方的付出表现得特别明显,甚至用言语告知对方。

过度付出或让对方认为你过度付出,容易使你们的关系陷入第3点的陷阱——对方会习惯于你的付出且对你产生过高的期待值。这并不意味着你不应该对对方好,而是为了维护一段长远的关系,克制更为重要。

你有多少
"真实"的爱情资格

为什么我们越来越找不到对象了

不知道从什么时候开始，我们越来越找不到对象了。

这事儿很奇怪，明明单身男女看起来有很多，且很少有人是"爱无能"患者，信息渠道又越来越通畅，照理说，现代社会的匹配效率应该更高才对，但怎么解决恋爱问题越来越倾向于一大家子人帮忙张罗了呢？

有人可能会怪罪于"社交渠道狭窄"，这是无稽之谈，社交渠道再狭窄，也不可能比几十年前大家只和家附近有限的几个人交往来得更窄。那到底是什么原因呢？其实，**是人们把自身价值的"PE"值估得越来越高了，对对象的要求自然就越来越高了。**

PE原本是金融领域的名词，可以叫作市盈率（Price Earnings Ratio）。通常来说，某只股票的PE值越高，就代表着市场普遍认为它在未来有较高的成长性。人也有PE，以前大家都觉得自己今年值1块钱，明年还值1块钱，PE值就比较低；现在的情况是，大家虽然觉得自己目前值1块钱，但预期明年会值10块钱，于是都按10块钱的价值去计算自己的身价，那么对另一半的要求自然就不能是对等的1块钱了。

如果每个人的真实价值确实都能同步提升，整个社会的平均水平都有所上升，那么从绝对值来说，要求越来越高也是合理的，这完全不影响匹配，一个10分的人要求拥有10分的对象并没有问题。

而真正影响匹配的是，我们越来越倾向于挑选那些价值高于我们自身的伴侣——从数学上来讲，这是一个伪命题，因为如果每个人都往高处挑，那自然是一对也成不了：1分的人要2分的对象，可2分的人必然不要1分的对象。

这种越来越倾向于高估自身PE值的趋势会导致两个世俗价值观里匹配的对象相遇后，越来越有可能互相嫌弃。

相亲过很多次的人大抵会多次感觉到相亲对象完全配不上自己，但如果你能监听到对方，就会发现，对方在家里大抵也是这么说你的——因此，找不到对象的原因不是人少了，而是"合适"的标准不同了。

造成这种现象的，不外乎3条主要原因：

1.社会对大龄单身群体的包容度更高了

无论是男性还是女性，成婚年龄都比过去有了显著推迟，且呈现出越来越晚的特点，社会开始慢慢接受"30岁没结婚是正常状态"这回事。同时，随着自由主义思想的萌芽，关注自身幸福感多过于完成生儿育女"任务"的人渐渐多了起来，甚至有很多人认为，若是找不到心仪的对象，那自己可以选择一辈子不将就。

少了一些社会压力，又增加了一些对生活的要求，人们自然在挑选的时候等得起，也更加倾向于精挑细选了。

2. 越来越不需要靠搭伙来解决经济问题了

从经济因素上讲，婚姻本是一件相互节约生活成本的事，但按照现今社会的物质条件，尤其是在城市里，已经基本不存在"独自一人很难生存下去"这样的命题了，于是，大家就都有了"宁缺毋滥"的底气。

"无论如何都有一口吃的"带来的直接影响就是人的自尊心越来越强。根据马斯洛的需求层次理论，人会优先满足吃饱穿暖等底层需求，如果这类需求未能得到妥善满足，那么找个能给口饭吃的人一起生活就是当务之急，爱情和自尊都得往后排。

可一旦底层需求被满足了，自尊在很多人那里就成了一个优选项——相亲时只要对方表现得不是很热情，就可能会为了避免被对方嫌弃而主动嫌弃对方，恋爱或者婚姻也更容易因为追求自尊而解体，因为"结合"带来的收益在对比之下显得不那么大了。

3. 接触到的信息更全了

很多人会对此感到不太理解，接触的信息更全不是更利于匹配吗？

并不是，其实很多婚姻的结合都是因为信息渠道不畅。当接触到的信息非常全面的时候，你就能看到数不清的比你身边的潜在伴侣优秀很多倍的人 —— 换言之，以前只在村里的小花和小明里挑是因为你的眼界不宽，但你并不知晓，于是很开心地接受了这些选项，但现在在外界的对比之下，村里的村花村草就都变得一无是处了。

信息渠道的放大还容易让人们忽视概率。例如，你会感觉现在有钱人越来越多了，但看看身边的朋友，似乎又不是大家都有豪车、豪宅，再看看中国各大城市的人均月收入，也和你在网络上随处感受到的富有情况并不相符。

这就是信息渠道放大所导致的结果。原本你只知道村里有个"王百万"，全村独一个，现在100个村里，每个村的"王百万"你都知道了，顿时就觉得有钱人多了很多 —— 找对象也一样，接触到的优秀的人的绝对值大了，你就会误以为世界上到处都是这样的人，却忽略了"概率一直没有变化，只是你接触到的信息多了，于是绝对值变大了"的事实。

所以找不到对象这件事是自找的，就跟说找不到工作差不多。这个世上越来越少有"找不到"的情况，只有当所要求的和自身情况的匹配度越来越低的时候，才会感到越来越"找不到"。

你的光环里，多少部分是自己的

越来越找不到"合适"的另一半的趋势是现实存在的，这是因为很多时候我们自身不具备与那个我们认为"合适"的人相匹配的资格，于是遇到了也只能错过。爱情需要资格吗？当然需要。

回顾一下我们说的爱情概念——一种在越来越接近与两性相关的特定目的的过程中产生的肾上腺素飙升的感觉。

当我们对他人有两性相关的企图时，就可能产生爱情。换位思考一下，既然我们要拥有爱情，那就必须让别人对我们也产生这种企图。**一个人能让别人"图"的地方越少，就越难以拥有自己理想中的爱情，这就是所谓的获得爱情的资格。**

爱情的获得并不总是自由的，不总能遵循自己的自由意志。有人可能会感到疑惑，"我自己的事凭什么不能自己做主"？那是因为你用来获得爱情的一部分"资格"可能是别人提供给你的。

生活中常常会见到这样的现象：明明是孩子找对象，有些父母就是要横加干涉。是不是这些父母太不明理了？不一定，这跟孩子在找对象时使用了多少父母提供的"资格"有关。

有个上海的小伙子向我吐槽过一件事：父母给他买了房子和车子，现在开始给他安排相亲对象，这些对象质素都很一般，父母却强行要求自己与她们见面，他对此感到很痛苦。

这件事情其实很正常，因为这个小伙子的很大一部分"爱情资格"是由父母提供的（在上海获得这些物质条件并不容易），所以在寻找爱情方面也必须让渡很大一部分自由意志给父母，这非常公平。

爱情资格是一个整体，如果一个人想要了解自己在剥离了其他人赋予的或当下还被其他人掌握着的资源后，自己还剩下多少资格的话，可以事先表明自己没有这些东西，然后去真实的婚恋市场尝试匹配一下，之后就可能会发现，那些自己看不上的对象，一样看不上自己。

当被现实打击过一次次后，人就会开始调整自己的位置，明白自己究竟有多少真实属于自己的资格，进而了解"掐"在别人手里但附着在自己身上的资格能值多少自由意志。此时，愿意选自由意志的人会选自由意志，愿意选更优质素的人会选更优质素，大家就不会对此怨声载道了。

如何给家人的
重要性排序

到底是"我先"还是"家人先"

你有没有想过，在自己的心中，每个家人的重要性究竟是如何排序的？

有人说很简单，肯定是根据血缘的亲疏关系来排序，血缘上越亲的人肯定越重要。可这很难作为一个普遍标准，比如，血缘上很亲的人最后却老死不相往来的事例并不在少数。

曾经有一个节目，要求嘉宾为自己、爱人、父母、孩子做一个重要性排序。

如果是面对他人而不是面对自己的内心来回答这个问题，绝大多数人可能都会把父母排在第一位，也有可能把孩子排在第一位，而不会首先考虑其他两个选项。这是因为，他们希望别人认为自己拥有社会共识中的"美德"——尊老爱幼，而把爱人排在第一位的做法显然是只有"自己和爱人"两个选项时才能被看作美德，把自己排在第一位就更不用提了，为人所不齿。

但如果有一天，我们刨除聚光灯、刨除听众、刨除安全感、刨除这个社会的舆论压力之后，用心去聆听自己最真实的声音，回答还是如此吗？

深呼吸，安静下来，再想想，这个世界上是否真的有"把别人放在第一位"这回事？

人们都不愿意在他人面前承认自己做的所有事情其实都是以自己为先，很多人甚至会刻意给自己洗脑。

一个人不可能有无缘无故的爱，不可能无缘无故对他人好，不可能无缘无故把他人的需求凌驾于自己的需求之上，如果有，那一定是有意或无意地忽略了自己的真实诉求。

通常情况下，我们只会为了自己心里舒服、为了表里如一而做事，无论我们做的事让谁直接或间接地受益了，我们自己的目的——心理利益——肯定是先于对方获得满足的。如果我们做的事让自己不舒服，背弃了自己的心理舒适区间，我们就一定在当下得到了其他自己认为更重要的利益，避开了更大的损失，或者是有更为长远的目的，例如增加了自己在未来受益的可能性，或得到了某种安全感。

所以，不管我们做什么事，不管名义上是为了谁，我们一定首先是为了自己。

　　我们可能会为了孩子能有更好的将来而付出时间、精力、金钱，但这么做一定是有原因的，或许是我们希望借孩子这个载体跟别人比一比，或许是我们希望孩子成才后自己能沾光，或许是单纯为了心理利益——孩子过得不好就是不舒服，过得好就是舒服——那就是为了"舒服"；我们可能在父母老去的时候照顾父母，不离不弃，这么做肯定也有原因，或许是我们希望别人认为我们孝顺，或许是想听到父母的夸奖，或许是单纯地不想违背内心的价值观——也是为了心里"舒服"；我们也可能对另一半百依百顺，而这不代表我们把另一半放在第一位，或许是因为另一半的价值比我们高，我们不得不这么做来留住对方——当然，"留住对方"后的第一受益人显然是我们自己，或许是因为我们想为自己塑造一个"好妻子"或"好丈夫"的社会形象，又或许只是因为我们想增加一点对方在未来的回报概率等。

　　每个人都需要认清"自己第一位"这一点，千万不要认为这是自私自利的念想，因为只有当你在真正意义上认同了这一点，你才不会因为"曾经对对方好"而期待对方有所回报。理由很简单，你已然是第一受益人，对方在你的行为之下，只是"顺便受益"，那你还在期待什么呢？

　　如此，任何人跟你相处时都不会感受到压力——很神奇，有时候想让社交关系变好，只需要在某件事上有一个不虚伪的态度。

我先还是家人先？这个问题不用纠结，只需要接受事实。

"配偶先"还是"孩子先"

"自己"的顺序已然排好，那么父母、孩子、配偶的排序该当如何？

先看父母和孩子，"尊老"和"爱幼"哪个该排在前面？极端一点，假设这个世界上所有人都秉承同一种价值观，那么如果大家都把父母放在孩子前面，会怎么样？

看上去很符合我们古代的传统价值观——孝顺是天下第一大事，可是如果每个人都把资源和精力优先投入给父母，显然这个社会只会越来越糟。

道理很简单，假如你是一个普通人，拥有着有限的资源和精力，事事以父母优先就意味着给孩子的投入相应减少，你的父母很高兴，但你的孩子成才的可能性变小了。到了他长大的时候，他也优先把资源和精力投入到你身上，但是由于他的成才概率更小，所以他回报给你的很可能比你回报给你父母的更少，于是形成了一个不良循环：一代不如一代。就算每个人都很孝顺，得到的回报也一代比一代少，直至被社会淘汰。

　　而如果大家都以下一代为优先呢？同理推导后可得，就算下一代反哺上一代的比例较小，由于下一代的成就可能更大，反哺总值也就不小。这对个体来讲，整个家族越来越兴旺的可能性就会增大，对一个区域的社会整体来讲，整个种族会越来越强——自然界几乎所有生物都遵循了这样的策略，要么没有资源，要么有资源也不会留给上一代，而是给下一代，这是自然选择的结果，不这么选择的物种已然被淘汰。

　　父母和孩子相比，孩子永远优先，这是所有生物的进化策略。那么，孩子跟配偶相比呢？

　　很多人都会把孩子排在前面，事实上也是这么做的。在他们心目中，父母、孩子都是跟自己有直接血缘关系的个体，但配偶不是。配偶只是合作者，合作者能更换，血缘关系无法更换，这也是很多人口中的"老婆能换，老妈只有一个"这样类似思维的衍生。

　　但正如我在《认知突围》这本书中所说的，血缘关系导致的亲密程度是一个伪概念，这是小规模协作的部落社会留存下来的一种经验化的、更有利于在当时社会生存下来的思想。事实上，亲密关系的亲密程度并不取决于血缘，所以"老婆能换，老妈只有一个"的思维肯定是错误的——我们需要先去除衡量配偶关系和亲子关系亲密程度的错误脑回路，再去看待两者之间的优先级关系。

配偶，是你最亲密的合作者。以你为圆心的所有关系能够享受到多少来自你的"恩泽"，都取决于你和你的配偶创造财富的能力及你们的分配意愿。

从利益共同体的角度讲，配偶和你才是真正的一荣俱荣、一损俱损。当然，配偶关系可以通过离婚解除，你也同样可以跟父母、孩子脱离亲子关系。区别在于，当你与配偶离婚时，婚姻期间所有的收益都要进行分配，而你和父母、孩子脱离亲子关系的时候不必这么做，这其实就已经很明显地指出了"亲疏层次"。

所以，关于这四者的优先级排序，普遍健康的排法是"自己——配偶——孩子——父母"，注意，这只是普遍健康，具体情况当然有具体执行的空间，但社会上的绝大部分人都使用这样的排序方式，会使社会整体更为健康。

一些平时不爱思考、只喜欢一股脑儿接受世俗教育的人可能对此理解不了。他们可能会说："如果是这样，我们为什么还要辛辛苦苦培养孩子？反正孩子只会把我们排在最后。"

所以你才要把自己和配偶排在前两位，只有自己足够好了，溢出给孩子的部分才会足够多，而由于你们双方都没有把资源优先倾斜给孩子，自然也就不会对"孩子没有过多地反哺你们"这件事有怨念，如此，每一代肩上的压力都会减轻，最后呈现大和谐的局面。

人类发展到现在，已经跟自然界的其他物种拉开了距离，我们已然不需要靠基因重组这样的方式来优化自身，我们眼中的"变优秀"指的不再是其他物种拥有的"更能躲避天敌"的生理优势，而是大脑的进化。

人类可以通过学习轻易地拉开人与人之间的差距，其他物种只能寄希望于一代接一代的"变异"，这就是相比于其他物种，人类开始越来越专注于自身成长的理由。

第二章

— 匹配 —
明确选人逻辑

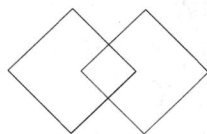

突围方向 ▷

选人就像做菜前挑选食材，选到一份好的食材就可以大幅降低对厨师本人厨艺的要求，甚至新手都有机会做出好菜；相反则会非常考验厨师的功力，甚至有那种无论你是多优秀的厨师都做不好，只能扔掉的食材，万一不小心选到了这样的食材，就只能重选。

很多人看到这里会觉得"哇，我只要狠心一点，对于低级食材勇于放弃，最终必然是能选到高级食材的"。先别这么乐观，在你成为一名出色的厨师前，还得先排除自己就是低级食材的情况。

大部分人在选人时都是盲目的，他们大都跟着感觉走，这种感觉有时还有着类似"眼缘"的称呼，但眼缘真的毫无缘由吗？他们只是不清楚或者刻意不去思考自己的选人逻辑而已。

没选对人，就是悲剧的开始，是无论用多少技巧都难以弥补的。

认知清单 ▷

1."深受其害"会招致回避，"深得其益"则会加强偏好。

2.我们普遍认为的"碰不上"，其实是"抓不到"。

3.所有的背叛都来源于"当事人认为背叛的收益 > 被发现的概率 × 被发现以后的损失"。

4.不羁的人选择不背叛，更多是基于纯粹的理性；而老实人选择不背叛，更多是基于"以感性为由"的理性。

5."势均力敌"的爱情并不是在任何情况下都很美好。

6.真正决定婚姻幸福的，是两个人在绝大多数事情上的看法和决策一致。

7.短期利益最大化的优点和长期利益最大化的优点的最大区别，是优点的"续航时间"及顶峰效用处于哪个阶段。

8."两个人生活"相比"一个人生活"是否更舒适，很重要的一点就是"是否要极大地改变自己既有的习惯和行为状态"。

男追女和
女追男

为什么默认是男追女

在现代社会里，我们看到有男追女，也有女追男，但在进入现代社会以前，基本都是男追女。

有句古话叫"男追女，隔座山；女追男，隔层纱"，指的是男性主动追求女性很不容易，而女性主动追求男性就容易很多。既然男性追求女性这么难，为什么男性还是要追求女性，而女性追求男性这么容易，却还是很少主动追求呢？这中间有什么内在逻辑？

用"女性更美丽"之类的理由来解释显然是不靠谱的，男性和女性之间无法比较美丽程度，因为不是同一个衡量标准，男性的特点只能和男性比较，女性也是一样。

当难以解释的时候，人们就会试图用"自古如此"或者"就是这样"来蒙混过关。事实上，这种男女行为模式跟男性和女性最基础的生理构造有关，著名的演化生物学家克林顿·理查德·道金斯在他的《自私的基因》一书中对此也有类似描述。

起初，所有的性细胞配子之间都是可以相互结合的，没有雌雄之分，大小也都差不多，但是就算再接近，大小方面肯定也有非常细微的差别。那些大了一点儿的配子可以携带更多可提供给胎儿的营养和能量，就会特别受其他配子的欢迎。能够优先与其他配子结合当然是件好事，于是这些比其他配子稍微大了一点儿的配子就开始了"越来越大"的进化之旅。

与此同时，那些稍小一点儿的配子也在同步进化，由于某些配子越来越大，携带的营养物质越来越多，这些小一点儿的另一半就只需要携带越来越少的营养物质，于是它们就开始了"越来越小"的进化之旅。因为把个体变小，"轻装上阵"，与其他竞争对手相比，就能以更快的速度找到那些巨型配子，并跟它们完成交配。

巨型配子的体积越来越大，以至于自己单独就能给胎儿提供足够的营养；而小型配子的体积越来越小，数量越来越多，竞争性也越来越强。

这两种截然相反的"性策略"使它们演变成了两种不同的个体：一种叫卵子，体积大、数量少、被动；一种叫精子，体积小、数量多、竞争性强、主动。

当两者结合之后，很显然，胎儿的营养需由卵子所在的雌性个体来提供，雌性个体需要孕育 10 个月的时间保证胎儿顺利降生，在此期间不能再跟其他雄性个体结合来传播自己的基因。但雄性个体不同，他们完全可以在这个过程中继续跟其他雌性个体结合来传播自己的基因。

对雄性个体来说，那些更为"好色"的、更喜欢"到处留情"的，就更能够把这种好色基因传递得更广；而雌性个体也没有就此"坐以待毙"，她们拥有"价值连城"的卵子，又要在孕育后代的过程中付出更多艰辛，因此可以选择先拒绝交配，考察对方的诚意——哪个雄性个体愿意在前期投入越多，后期就越难以放弃既有投入而转向新的雌性个体，毕竟重新积累又要从头开始。

于是，男女交往的初始策略就出来了，男性倾向于到处留情，由于留完情立马走人也能留下后代，于是对于女性的主动追求通常不会拒绝——甭管对方质量好坏，多个后代始终不亏；而女性倾向于保守，因为拥有一个后代要付出更高的成本，于是对于男性的追求通常要好好斟酌和筛选。

这就是男追女这么难却还是要追，女追男这么容易却还是选择等待的"生理因素"。

除生理因素之外，还有社会因素——社会对男女的价值评判标准不同，也更容易导致男追女而不是女追男。

　　当我们祝福一对新人的时候，常常会用到"郎才女貌"这个词，其中的"才"是隐晦的说法，用"财"或许更为直白和准确。有才最终要转化成可见的收益——现代社会有才就有机会拿高薪，古代社会有才就有机会做高官。"怀才不遇"的"才"及穷酸秀才的"才"，通常都不会是人们口中"郎才女貌"的"才"。

　　于是，判断一个男性的世俗价值是高还是低，总财富和赚钱能力就占到了很大比重；判断女性的世俗价值时，占比最大的则是容貌和身材。

　　基于求偶期的男女大多为青年男女，这种评判标准就会造成一种有趣的现象：**求偶期男女在世俗价值对比上，男性普遍不如女性。**

　　既然对男性的世俗价值评判标准是财富与赚钱能力，而这两项基本都需要一定时间的积累，因此导致的结果就是，虽然年纪越大不代表世俗价值越高，但年轻时大多数男性的世俗价值基本都处于低谷；而对女性来说，由于年轻时候的容貌与身材大概率好于年老时，因此在这一方面，多数女性年轻时就是一生中能达到的世俗价值高峰。

　　拿低谷时期和高峰时期相匹配的话，假如这是两个一生中各时段的平均世俗价值基本相等的人，那么在年轻时候结合很可能就是一个上娶、一个下嫁，男追女自然就更常见了。

为什么出现了女追男

无论从生理构造还是社会对男女的价值评判上来看，男追女都是十分"和谐"的，但进入现代社会以来，女追男的现象逐步增多。如果你去到大城市的相亲角，也会发现女方家长的数量远多于男方家长。

难道是大城市适婚年龄的女性数量比男性更多？并没有证据表明这一点。那又是为什么呢？大致有以下几大原因：

1.结婚年龄普遍后延

进入现代社会后，结婚年龄普遍后延，尤其是大城市，这种趋势更为明显。

结婚年龄越是后延，对多数男性来说，就有越大概率在适婚年龄体现出财富优势或形成财富优势的趋势；而对多数女性来说，就有越大的概率被察觉出基于美貌的世俗价值曲线呈整体下滑的趋势。

于是，再短视的人也能看到双方的价值匹配不该单以当前的世俗价值为基准，而是需要对当前和未来的世俗价值变动趋势进行综合考量。这样一来，男女在适婚年龄上的价值差距自然就拉小了，男追女也就变得不再绝对。

2.女性经济地位的提升

有经济地位就有社会地位，社会地位几乎就等同于话语权。

女性不再羞于或害怕做自己想做的事，这一点很重要。无论是古代还是现代，无论女性在某个阶段是不是在平均世俗价值上高于男性，对单个个体来讲，依然有少部分男性在任意阶段的世俗价值都远高于绝大部分女性，但这些女性在现代社会之前的时代，基本都不会对这些特别优秀的异性展开追求，因为整体社会舆论认为这是一件"不对"的事情。

当女性在经济上取得了基本平等的地位后，就拿到了一半的话语权，很多不会妨碍社会整体利益的个人选择就不会再面对过大的社会压力。

同时，经济能力的提升使得女性的独立生存能力更强，选错人造成的后果更加轻微，这也是导致女"敢"追男的一大因素。

3. 男"财"以外的特质成了"消费点"

一切都从女性的经济地位有所提升开始。有了生存的底气，女性就无须屈从于男性界定的"女性应有的喜好"或"女性应有的姿态"，既然男性可以用生产资料换取"女貌"，为何女性不可以用生产资料换取"男貌"？解决了"食"的问题，很容易就轮到了"色"。除了"色"以外，女性还可以追求任何自己喜欢的特质，而不需要以该男性是否拥有足够的财富为前提。

女追男的潜在场景多了很多，社会舆论压力又小了很多，于是我们自然就见到了更多女追男的场景。

追与被追哪个更划算

在默认"男追女"的时代，追求模式比较单一，男性就该主动，以显得有勇气，女性就该被动，以显得矜持，一旦到了要挑明关系的时候，谁都知道谁该做什么；如今，追求模式渐渐开始"混搭"，反而使得踏出第一步更难了，因为既然没有约定俗成谁该先开口，双方就更容易都选择不先开口，毕竟先开口的一方有自尊受挫的可能性。

那么，追求的一方是否必然不划算，而被追的一方必然立于不败之地呢？

从单纯两个人的博弈上来看，似乎并没有什么错，但如果博弈场景放大，人数增多，我们就会发现结果并不一定是这样。

被追者的优势在于掌握着两个人之间的主动权，当自己心仪的人对自己表白时，可以选择同意；当自己无感的人对自己表白时，可以选择拒绝。无论是同意还是拒绝，底线是"无损"，上线是"大赚"，所以在两个人的博弈场景中，如果能选，大家都会选被追，不选的只有一个可能，就是没的选。

可一旦场景切换到了多人，追人者就有了一个被追者没有的优势，那就是无论他被拒绝多少次，当他成功的时候，至少能保证追到手的是自己喜欢的，很可能还是各方面价值都高于自己的；而被追者通常无法匹配到价值高于自己的对象，因为价值高于自己的人通常都不会主动追求自己，于是往往只能在价值低于自己的人里挑一个稍高的。

因此，在多人博弈的现实环境中，并不能说被追的就一定占据优势。日本有过一个有趣的计算，说跟自己的偶像表白，成功概率约为1/4049，于是有人说，如果你有4000个偶像，对每个偶像都去表白一次，就能和其中之一在一起了。

虽然这听起来很无厘头，但也反映了追人者并非毫无优势，尽管可能承受多次心理创伤，但成功之后的收益也是巨大的。

追与被追，两者并无绝对的哪个更划算之分。对于内心强大的人来说，显然是主动追求更高价值的对象更划算；而对于内心敏感脆弱的人来说，还是在追求者中选个最合适的更靠谱。

你在潜意识里
是如何挑选另一半的

为什么你会喜欢A而不喜欢B

每个人在挑选伴侣的时候都有一些偏好，有人喜欢高的，有人喜欢瘦的，有人喜欢微胖的，有人喜欢好看的，有人喜欢工作稳定的，有人喜欢有钱的，不一而足。

有没有想过一个问题：为什么你会更喜欢某种特质？

你"更喜欢"的这些特质显然是由你的主观偏好决定的，但并非随性所至，每个人的主观偏好形成都必有其因。

我们都有一些共同的喜好，这是从远古演化而来，大体上与如何能更好地生存和繁衍相关，例如男性被普遍喜欢的"更为强壮"的生理特征，女性被普遍喜欢的"更好生养"的生理特征。到了现代，衡量生存能力的指标变了，人们的偏好自然也跟着改变了，例如比起"更强壮"，"更有钱"在生存方面的优势会大得多。

虽说不同的阶层会导致不同的生活经历，从而产生不同的喜好，但大家毕竟都生活在同一个时代，因此有些基础偏好大都在一起改变。例如，自从食物不再短缺后，人类就渐渐从喜欢胖的过渡到喜欢瘦的了。那么，基于不同个体的个性偏好呢？看起来五花八门，其实也有一定规律。

个人偏好会受到一个人经历的影响，一个人越缺少什么且长期因缺少这种特质而苦恼，就会对这种特质有别样的渴求。例如，从小到大一直有人说你胖，你对"胖"这个词就会特别敏感，所以会很羡慕瘦子。当你要找另一半的时候，也多半倾向于找瘦的，或者至少"瘦"这个特质在你心里特别加分。

"深受其害"会导致回避，"深得其益"则会使人加强对某种特质的偏好。因此，不是只有胖子会注重另一半胖不胖，瘦子若是体验到瘦的好处，也会对"胖瘦"这类特质格外在意。

同理，某女性从小到大一直被人说"矮"，心中略有自卑，于是会希望另一半高一些。这个"高一些"的标准，可能会高过比她更高的女性对于男性身高的期待——身高越是不到160厘米的女性，越可能要求另一半的身高达到175厘米或180厘米以上；身高越是接近170厘米的女性，越可能只要求"比我高就行"。

我们越是享受过哪个特质的好处，且觉得这个特质还不错，就越是希望伴侣也保有并加强这一点；越是在什么地方感到劣势，且影响刻骨铭心，在找伴侣时就越是不希望对方也有这个劣势。

了解这些规律有什么用呢？就是为了让我们在选择另一半的时候，能对自己的偏好进行**反向修正**——搞清我们的主观偏好来源，明白这些来源可能会使我们不自觉地夸大某些特质的效用，就有更大概率避免由于短视而选错人。

例如，有个女孩问我，自己的家庭经济条件不太好，是否该找个经济条件好的男生？这本身当然一点问题都没有，但正因为我们自己的经济状况不行，所以对方在经济状况上有优势就会在我们心里特别加分，且容易加分到超限。这就是一种非理性，需要我们人为地去做反向修正——钱很重要，对自己当下的幸福感加成作用很明显，但这种"明显"只存在于从无到有。而在从有到更多的过程中，幸福感并不总是会同比增长，此时别的特质的重要性就会变强。

如果你不懂得人的这种偏好来源和偏好变化的过程，仅凭当下的处境就放纵自己的欲望来指导行为，很容易忽视一些当下看起来不重要但长远会更在意的东西。

为什么你总遇不到心仪的人

"在对的时间遇上对的人"是最好的结局，但现实中往往做不到。

对的时间遇上对的人，就是在你能接收到最好的爱情体验的时候，遇上一个人生中你能遇上的最好加最合适的人，这个概率堪比火星撞地球，基本没可能。

更不用说影响以上概率的还有一个重大因素，那就是你自身，在那个能接收到最好的爱情体验的时期，你是不是最好、最适合对方的你？如果不是，就算运气真的砸在头上，你遇上了那个最好、最合适的人，你们基本也只能遗憾错过，因为他也有自己想要的那个最好、最合适的人。

有一招倒是百分百可以提升遇到对的人的概率，就是把自己变得更优秀，它能科学地增加"好运"降临的概率。若你想再多增加一点好运，那还不够，你还得定向地研究那些你心仪的人大概率会在哪些维度上对另一半有怎样的期待，接着在这些方向上变得更优秀。当你的优点与对方的偏好越来越契合时，你自然就会离自己想要的人越来越近 —— **我们普遍认为的"碰不上"，其实是"抓不到"。**

当我们自身越来越优秀时，对另一半的要求可能也会越来越高，这不是"势利"，而是随着优秀程度的增加，你的自信也在同步增加，自然会认为自己配得上更好的人。

尽管如此，由于很多人完全不懂该如何平衡对另一半的期望，导致自身或许已然在人群中属于偏优秀的一部分，却依然找不到心仪的另一半。

每个人对自己的另一半都有多个维度的期望，这很正常，但有些人列的期望组合要么没有可操作性，要么脱离实际，要么自相矛盾。似乎把自己想要的特质往上一码，多花点时间，就能找到对应的人，其实并不是这样。

接下来我们就来说说，一个普通人在择偶的时候应该避免设置哪些择偶条件或是条件组合。

1.过硬的"硬项"

我经常看到一些人对伴侣的期待非常具体。这本是一件好事，知道自己具体喜欢怎样的人，但若具体得太过分，就不"科学"了。例如，经常有人要求另一半得在一线城市的市中心有超过100平方米的住房，得有50万元以上的车子，得是500强企业高管。

我们先不说能同时达到这些条件的人有多少，单在期待的设置上就不合理。以上期待都离不开"钱"，而钱有多种表现形式，没有市中心的房子，有国外的别墅行不行？不是公司高管，自己做生意行不行？我们需要先搞清自己要的核心是什么，接着就要尽可能地放宽范围，以使这个核心能够辐射到最大范围，而不仅仅是依靠自己的臆想，框死自己的选择范围。

"硬项"设得太硬的后果，就是把很多本可能符合你的要求的人排除在你的选择范围之外。

身高也是类似的，有人声称将来的另一半必须180厘米以上，可事实上只要对方在其他方面大大超过她的期待，她也可以把这一项放低到170厘米甚至更低，例如当梁朝伟答应做她的伴侣的时候。

人是会权衡的动物，看的都是整体，如果一个人不满足你的某个条件就无法进入你的选择范围，那你或许就会错过他的那些"超纲"的优势。

2.无法量化的条件

孝顺父母、有爱心、知识渊博、幽默等，通常都会是一些人筛选伴侣的条件。但这些条件真的能够帮助你选到合适的人吗？并不能。因为每个人多多少少都认为自己带点这样的"因子"，它们并不像身高、体重、存款等数字那样是多少就是多少。这些特质在不同人眼里有着不同的定义，它们并不能通过一个人的自我评价来获取。

同样的一个行为，在A眼中是孝顺，在B眼中可能就是"妈宝"，所以一个人孝不孝顺不仅跟自己相关，还跟评估方的主观判断有关。既然这样，设置这类条件就毫无意义，它们只能通过相处以后的行为去主观判定。

3. 软性的自相矛盾

自相矛盾分两种，一种软性，一种硬性。所谓硬性，就是这些条件本身是严格自相矛盾的，例如要另一半180厘米以上，90斤以下，又要掐起来有点肉嘟嘟的。

犯硬性自相矛盾错误的人通常不太多，但说到软性自相矛盾，忽视的人就多了。它指的是看起来没有硬性相抵触的部分，但事实上达到的可能性极小，小到几乎不可能遇上。

例如，想找个25岁以下的男性，又要年薪百万；各方面条件都极其优秀，但只对我一个人动心；钱都交给我保管，可逢年过节必须制造惊喜买礼物，便宜的还不要；做家务、带孩子，不参加应酬，陪逛街、陪煲剧，事业还得突飞猛进……

由于缺乏对人性的了解，很多人并没有意识到自己设置的条件是软性自相矛盾的，自然是望穿秋水也等不到对的人，然后过了某个时间阶段就开始不停地下调选人标准。只是要注意，有些人随着时间的推移，自身的"交易价值"也在降低，于是不得不"过量下调"，这就是条件设置不当造成的后果。

4. 条件数量过多

很多人会有困惑：我对另一半的期待照理说也不算苛

刻，怎么就这么难找呢？

苛刻与否不仅跟单个条件有关，还跟条件的数量有关。

简单算一个条件概率，如果你对男性的身高要求是180厘米以上，恭喜你，你可能筛掉了80%以上的人；如果再加上税后年收入50万元人民币，恭喜你，你又筛掉了剩余人里的95%；若还要跟你年龄相仿，那1000个人里可能就只有一两个符合你的标准了。如此苛求，你这些年来常常接触的异性中总共能有几个？这样下来，能遇到符合你的要求的人才是怪事。

有些人本身设置的条件门槛单拎出来都不能算特别苛刻，但要同时达到多个条件，乘一下就知道概率有多小了。

有人可能会问，既然以上方式不对，那对的方式该是什么样？

有个游戏很流行，把人的每个优质的特质都标上价，有的3块，有的5块，有的1块，当然正常人都会想要，可你只有10块钱，要了某一些就不得不舍弃另一些。

于是，在这个游戏里，你在规则的限制下，就不得不找出一至两项你最在意的特质，然后包容其他。所有玩这个游戏的人都是这么做的，尽管在割舍的时候会不舒服，但最终都会达成一个结果。可在现实中，大家都忽略了自己只有10块钱甚至更少的钱这个事实。

不羁的人和老实人，
选谁更安全

不羁的人是谁，老实人又是谁

这是一个困扰人们很久的选择，因为无论支持哪一边，看似都能为自己的选择找到理由。

说不羁的人更安全的，理由是不羁的人试遍了各种类型的异性，一旦想安定下来，就很难再被其他人吸引走；说老实人更安全的，理由是他们可能在男女伦理道德方面对自我的要求相对较高，于是在面对同等诱惑时，虽也会动心，却更不容易行动。

听起来都有道理，也都有相关的例子，但哪边是正确的？如果有两种截然相反的观念听起来都有道理，那么从逻辑上来讲，要么至少有一种是不完全正确的，要么就是少说了某些前提条件。

当我们认真去审视这个问题并试图让那些选择的人给出关于老实人和不羁的人的定义时，我们会发现，其实很多人说的老实人和不羁的人都不是同一个定义。如果定义都不统一，显然就算有不同答案，也不能证明大家在遇到同一种情况时会做出不一样的选择。

所以，我们现在首先要做的就是把大致上的定义统一，确保大家说的是一回事。

不羁的人，通常指的是有过三段或以上的感情经历，会讨异性欢心（不一定油嘴滑舌），对异性心理有着较高程度的掌握，在感情上不太受条条框框的限制，以自己为绝对中心的人。

老实人，通常指的是恋爱经验较少，受传统道德约束较大，在异性面前相对表现得较为内敛的人。老实人的世俗条件往往不会特别优秀——不代表不优秀，是极少有"特别"优秀的，因为特别优秀的人很容易在成长过程中随着周围人对他的正向反馈而做出改变，从而慢慢脱离"老实人"的队伍。

哪类人会在确立感情关系后更容易因为一些事情而背叛对方呢？我建立了一个背叛的模式：

所有的背叛都来源于"当事人认为背叛的收益＞被发现的概率 × 被发现以后的损失"。

在同样的事和同样的对象上，我们假定"被发现"的概率均等，那么决定一个人会不会背叛的关键，是被发现以后他自己认为的主观损失。在这一点上，限制不羁的人和老实人做出背叛行为的点就完全不同：不羁的人的安全优势在于他知道当他做出某些背叛行为时，大概会有什么样的代价，以及那些吸引他的人在多久之后会让他失去兴趣，所以他的安全点是"见多识广之后的理性克制"；而老实人的安全优势在于当他做出某些背叛行为时，来自周围环境的舆论压力和来自自身的道德压力较大，所以他的安全点是"社会安全感导致的克制"。

总结一下，**不羁的人选择不背叛，更多是基于纯粹的理性；而老实人选择不背叛，更多是基于"以感性为由"的理性。**

因此，那些对自身价值更有自信的人，多半会倾向于认为不羁的人更安全，因为如果对方是纯粹理性的，则他们更难以被背叛；而那些对自身价值的自信不足的人，会倾向于选择自己能"hold住"的老实人。

所以，谁更安全，往往视做这道选择题的人自身的自信程度而定。

你该选不羁的人还是老实人

从上面的分析来看，似乎更优秀的人就该找不羁的人，相对而言，普通的人就该找老实人。

事实上可能刚好相反。

由于老实人的情感经历较少，用来跟另一半对比的"参照者"也少，于是他们就很可能在非完全理性的状态下选择了另一半。而当他的"见识"逐渐变广之后，他最终发现选错人的概率会比爱情观本就更为成熟的人更大。

当他发现自己选错之后，虽然更受道德约束，更不容易分手或离婚，但同时也更容易变得对另一半缺少耐心，这样的恋情或婚姻持续着就很痛苦。

因此，对于恋爱经验少、综合质素又不算特别优秀的人，如果可以选，相对而言，选择不羁的人会更好一些，但前提是一定要拥有一项或几项对方十分看重的优点，且这类优点不能随时间的流逝而大幅变弱，例如只有颜值就不太靠谱。不羁的人的爱情观相对比较固定，大都更清楚自己要什么，当他十分确定你的某些特质就是他要的，就不太容易改变。

而对于非常优秀以至于能够全方位碾压普通人的人，反而选择老实人更好一些（再次提醒，老实人不代表不优秀，这只是在情感经历和思维方式上的定义），只要你的绝大部分优势可以在之后的相处过程中依然覆盖住大部分"潜在竞争者"，老实人对爱情的配合度就可以很高。但如果选的是不羁的人，由于他跟很多在某方面优秀程度高于你的人交往过，所以他的爱情配合度相应会低一些。

不羁的人相对固定的爱情观和经验优势仅有当"确定自己想要什么，从而不会为看到另一半的潜在替代者在其他维度上的优势而后悔"时才有用，若是你的个人优秀程度到了"无论选择怎样的另一半，对方都极少会后悔"，不羁的人的这个优势就不存在了。若你刚好是不仅优秀且认知程度较高的人，当你希望引领一段爱情关系的走向时，显然跟爱情配合度更高的人在一起会有更好的爱情体验。

所谓"势均力敌"的爱情，并不在任何情况下都美好，无法放之四海而皆准。

找对象是不是
非得门当户对

为什么要求门当户对

说到势均力敌，可能很多人会联想到门当户对。门当户对这个概念有很多的拥趸，那到底门当户对是不是婚姻幸福的必要条件呢？

在大部分人的理解中，门当户对大约就是双方在"钱、权、学历"上的简单对应关系。

为什么要这样对应？除了出于商业或政治目的的资源交换外，对普通人来说，以上这些就是一个个门槛。同样迈入了门槛的两个人结合后，在见识和生活方式上会有更大的概率少一些分歧，同时在物质生活上也不必担心一方占另一方的便宜。

看起来大部分人推崇门当户对都是为日后的婚姻幸福着想，但事实上，这种筛选方式只是一种退而求其次的选择策略。

我们来类比一下公司招聘，一家公司要招一批员工时，也会定出自己的标准，例如要求985、211大学全日制本科毕业，又或者是硕士学历等。难道不符合上述门槛要求的人就不能胜任岗位要求了吗？并不是，绝大部分公司的绝大多数岗位都不需要什么高学历。

那为什么还要有上述门槛要求呢？因为上述门槛要求筛选的只是一个**"有基础智力、肯付出努力、在高压下能完成基础任务"**的人。

很多人会奇怪，这样的人在不符合上述门槛要求的池子里不也比比皆是吗？的确是，但在符合上述门槛要求的池子里选到的人几乎都能胜任，而在其他池子里选到的人有很大可能不能胜任，所以才要定出这样的标准。

标准不是什么必备条件，只是用来降低筛选成本而已。如果你已经在别处展现了优秀的能力，例如你有行业资源，或者做成了一些重要项目，那么你就可以完全不受以上标准的约束，因为要过筛的人里已经不包含你了。

门当户对的条件也起到类似作用，秉持门当户对想法的并不一定认为必须门当户对才会幸福，只是在彼此不太了解的"盲选"阶段，如果能先用条件限制的方法把婚后有可能出现的几个常见问题给规避掉，那就再好不过了。但如果两个人之间已经有过深入的了解，处在"非盲选"的阶段，门当户对就不一定是必选项了。就像你希望找个在学识沟通方面无障碍的另一半，若你已知道对方博学多才，就不该再纠结他是否有全日制本科学位了。

于是我们得出一个结论，如果你的门第不是太高，就不要只是夸夸其谈或抱怨要求门当户对的人太势利，而是要努力做出点令人信服的事，这就可以弥补你的门第不足。就像创业者去拿融资的时候，如果没有显赫的身世、傲人的履历，至少做成过一件完整的事，也会让投资人高看一眼，而单凭完美的PPT是没有用的。

很多人都说要找个"相信梦想"的投资人，最好是见面5分钟就一拍即合，可现实是投资人都不相信梦想，他们更接近精算师，正如门第较高的另一半的父母。

比门当户对更重要的是什么

门当户对的筛选是有一定道理的，它的做法就是先把选择范围缩小，从而在更精准的选择池里挑出一个最符合自己心意的。

这就跟公司选人一样，如果你是家大公司，清华、北大的毕业生挤破脑袋想进来，你用这种筛选方式当然没问题，毕竟你能用于面试的精力有限。问题是，绝大部分人只是小公司，如果你的招聘摊位前本就门可罗雀，你还用这种方式筛选，那就可能导致两种结果：一是池子里剩下的少数人中，你喜欢的都不喜欢你；二是池子里还剩下不少人，但他们在其他维度上可能都比较"劣质"，因为人是一个整体，你的自身世俗价值导致了能匹配上的人的世俗总价值就在某个区间内浮动，要在某些维度上有刚性的高要求，在其他维度上就只能闭上眼，否则就找不到了。

所以，如果既能门当户对，又丝毫不影响对其他维度的要求，那固然是好，若是影响很大呢？例如，有些人在门第上可能不如你，但在其他你也比较在意的方面上优势非常突出呢？你是否还认为门第应该是最重要的、绝对排第一位的筛选条件？

排除"结婚就是为了找张长期饭票"的想法，用门当户对这个条件来筛选通常是为了什么？显然是为了有更多共同语言、更相似的三观、更契合的生活方式。

如果是频繁相亲，这么挑选是合理的，因为相亲者没有那么多时间和精力同时跟那么多人交往来测试谁与自己更为契合。我有一位前同事，他的父母在介绍前已经帮他筛选完了"门第"，接着他又必须看照片，确认对方长相满意才会出来见面，就这样筛选，一年还是得相亲上百次。要在如此短的时间内判断这么多人之中谁适不适合自己，已经是一件几乎不可能做到的事了，所以再往上加条件也是合理的。

但除去这种"需要往上加条件才能节约筛选精力"的情况，我们跟那些在长期的交互中已经确认三观契合、生活方式契合、兴趣爱好契合的对象在一起时，是否还要执着于门户之见？

此时的门户之见，就只是"是否会在物质利益上吃亏"之见，而这是不是筛选幸福的必要条件？只能说是重要条件，而绝非必要条件。婚姻的必选项里一定不包含对物质利益的执着，就算对物质利益的执着仅仅是为了能在婚后少些烦恼和额外争执，若你已在其他方式中确认双方婚后不会为这些事而烦恼，目的都达到了，又何苦还要执着于手段呢？

有句话叫"当你遇到了那个击中自己的人之后，所有的条件就都不复存在了"。条件筛选是无奈之举，尤其是门当户对，但由于使用的人多，就慢慢被人当成了规则，有人认为非如此不可，这就本末倒置了。

在学生时代，你可以在班级里轻易地找出学历相似、成绩相似、家庭环境相似的异性，你跟这些异性会更大概率地拥有相似的三观、相似的生活方式和兴趣爱好吗？我相信不会，否则找对象就简单了。

你得明白一件事，那就是自己究竟为什么要设置这些条件。是真的没这些条件不行，还是不知道为什么，但别人设置了所以自己也要设置，又或是真的希望通过这些条件限制来达成一些更深层次的筛选目的？若是对方已然用别的方式通过了你更深层次的筛选，是否条件还有存在的必要？

如果这些条件限制都不是手段，而是目的，那你就得明白，这些"目的"必须是你最想达到的目的。我们曾用概率的方式表述过，对大部分人而言，条件数量基本都不能超过两个，这两个必须是真正意义上你最在意的两个，然后不得不包容其他维度的劣势，否则那些"本该更契合"的人就有很大可能被你设置的"非必要"条件给筛掉了。

真正决定婚姻幸福的，是两个人在绝大多数事情上的看法和决策一致，想一想你跟哪些朋友的相处过程最愉快就知道了，婚姻也是一样。这个世界上并没有任何统计表明它跟两个人的学历、金钱、地位的一致性有多大的相关性，如果你认为有，通常是你根据自己和周围人的个例导致的归因谬误。

值得优先
考虑的伴侣特质

你要的是长期关系还是短期关系

我们在很早的时候就会开始幻想另一半是什么样子的，可能是帅气的、美丽的、温柔的，也可能是有学识的、有修养的、有钱的，不一而足。但无论是什么样的，我们都必须先搞清一个前提，就是打算跟这个另一半发展一段多长时间的关系。

我们在股市中可能有过这样的经历：本来只想进去捞一笔，做个短线赚点快钱，不承想一买就跌，跌了不舍得卖反而长期搁置，试图等其回涨，却导致亏损越来越大，最后不得不用"我做的是长期的价值投资"来安慰自己。

这就犯了两个错误：一是没想明白自己进入股市想做什么，做长线和短线需要的资金储备完全不同，选股策略和操作方法也不一样，用于短线的资金往往过不了多久就得挪到别处，到了不得不挪用的时候，亏损就成了"既成事实"；

二是错就是错，错了不认错，反而模糊或替换掉自己当初的错误决策，试图为自己开脱，就很有可能造成更大的亏损。

选伴侣跟选股差不多，我们必须明白一件事，那就是对方身上的很多优点，有些是可以让我们短期利益最大化的，有些则是让我们长期利益最大化的。如果我们想跟对方长期在一起，却按着短期利益最大化的标准去挑选，大概率会出问题。

短期利益最大化和长期利益最大化的优点的最大区别，是优点的"续航时间"及顶峰效用处于哪个阶段。

如果你追求的是一段短期关系，那么你不需要考虑对方优点的"续航时间"，即该优点只要在你想持续关系的时间段不出现大的下滑即可。你最需要在意的是它的顶峰效用是否处于你想持续关系的这个区间内，如果是，这些优点就是你要优先选择的；如果不是，则不选。

如果你追求的是一段长期关系，那么你要考虑的就是优点的"续航时间"，什么时候达到峰值并不重要，因为在一段足够长的时间里，你总会经历它的整个起落过程。你该关心的是你欣赏的那些优点是否能长期维持在让你欣赏的最低水平线之上，如果能，这些优点就是你要优先选择的；如果不是，则不选。

什么样的伴侣更适合长期关系

"维持长期还是短期关系"是我们一开始就要想明白的，然而当我们选择伴侣的时候，如果不费心去想这件事，基本都会默认按短期关系的标准来选。

人类大脑的第一反应很少会考虑到"续航"，我们的第一反应往往是"我跟他当下在一起能得到多大的即时效用"，于是例如美貌这样的特质常常成为我们的首选，不仅是女性的美貌，男性的美貌也容易成为首选项。

但若是考虑到美貌的"效用时间"，对于致力于相处几十年的两个人来说，它对人生整体的幸福总量的影响比例其实并没有不假思索地选择时认为的那么大。

那么从理性上来讲，挑选什么样的伴侣更适合一段长期关系呢？

1.三观吻合

我收到过很多人"对另一半的行为感到苦恼"的求助信息，虽然苦恼形态各异，但大部分问题可以归结为"三观不合"。

三观指的是世界观、人生观和价值观，我们不需要区分每个观究竟包含哪些具体内容，这没有意义。我们只需要知道三观不合，就是在很多事情上看法不一致导致意见分歧就行了。

现代人结合更注重硬条件，因为硬条件可快速量化，只要硬条件匹配，至少在明面上双方都不会太吃亏。我们在大城市的相亲角可以看到很多这样的现象，只要两个人硬条件相配，事情差不多就成功了一大半。

但事实上，婚姻的幸福程度在很大程度上取决于两个人对世界的看法的契合程度：契合度高，婚姻几乎都是幸福的，无论贫穷或富有；契合度低，婚姻几乎都是不幸的，无论贫穷或富有。

任何人的幸福感都来源于比较，没有比较，我们体会不到任何幸福感。比较分为横向和纵向。横向指的是和别人对比，在和别人的对比中，另一半的高价值的确会给人一瞬间的幸福感或者优越感，但这种比较往往并不频繁。真正频繁的比较是纵向对比，即跟自己单身时候对比。你每天都会做很多个决定，也会有无数次达到"精神高潮"的机会，但如果有个人在你每次做决定或者"精神高潮"的时候都给你一个反向作用力，那么这种对比单身时的状态而产生的不幸福感的累积，会远比一瞬间的横向对比所带来的幸福感或不幸福感强烈和持久得多。

三观不合就容易起争执。三观不合的地方越多，一天内引起争执的由头就越多，如果里面还涉及一些需要共同决策的事务，就更是人间惨剧。

有人可能会说"争执也未必是坏事"，或用"床头打架床尾和"来为夫妻争执开脱，这一点我会在第五章给你详细证明，你现在只需知道，争执过后带来的感情短暂升温是一种错觉就可以了。

两个人要长久在一起不腻，在自身对对方的吸引力保持平衡的前提下，感情的消耗一定要比增进慢。考虑到多数人每天都待在一起，有感知的大幅增进是个较难完成的任务，所以消耗就十分关键，尽量不要起争执，因为每一次争执都是消耗，无论是小事还是大事。

2.维系成本低

一个人最初的单身状态是默认的，非单身状态则是需要自己选的。

之所以选择非单身状态，肯定是我们认为这种状态比单身要好，这种"好"最好是帕累托改进或至少尽可能地接近帕累托改进。

所谓帕累托改进，就是在不损害其他维度利益的同时，单纯地增进某个维度的利益。很多人会列出单身和非单身各自的利弊，这种有利有弊就不能叫帕累托改进。

对比非单身，单身的最大好处就是凡事自己做主，在自己想做某事的时候就做某事，不需要为了配合另一方的需求而强迫自己。如果有一种状态能够接近"想单身时就单身，想找人一起做某事时就能找到志同道合的"，这种状态跟单身时相比，就可以近似地说是帕累托改进了。

要达到这种状态，就需要你和你的另一半都是"维系成本较低"的个体。所谓的维系成本较低，就是很少需要为了维系和对方的关系热度而做一些自己不愿意做的事情。

有人会反其道而行之，以让对方为自己做本不愿意做的事情的方式来获取一些心理优越感，这种做法是会付出代价的——对方被迫做某事是由于对与你的关系的存续意愿在被迫做这件事的成本之上，一旦你跟对方的价值差距缩小，或由于其他什么原因导致对方对这段关系的维系意愿下滑到一定程度，你就会感受到"对方变了"，其实只是上述利益考量的平衡发生了变化而已。

两个人相比一个人是否更舒适，很重要的一点就是是否要极大地改变自己既有的习惯和行为状态，若是需要，体验就会变差。

3.拥有更多"长续航时间"的优点

欣赏的感觉持续得越久，爱慕的感觉才能停留得越久，不要认为这仅仅是针对对方的要求，事实上它是个针对双方的要求——一方面是对方需要有一些随着时间的推移不容易被削弱的优点，另一方面是自己要拥有对这些优点的欣赏能力。

　　这意味着就算别人拥有了这些优点，你也得打心底里认为这些优点是更重要的才行，你得真实地认为这些优点在幸福感上的加成比其他优点更大，你才有机会抓住这些另一半。因此，这不仅是对对方的要求，也是我们每个渴望拥有一段长期关系的人要修习的科目。

　　以上3点就是我们为了提升未来生活的"总幸福量"，在挑选长远伴侣时要优先考虑的要求。如果你想有更大的概率选到这样的另一半，最好的方法就是自己先成为这样的人，因为对方同样在寻找这样的人。如果你不是他的目标，你们就算遇到了，也有很大概率会错过。

第三章

— 权衡 —
打破金钱困局

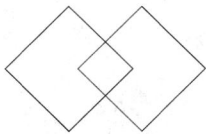

突围方向 ▷

　　爱情这样"神圣"的事物，似乎一遇到金钱就变得俗了起来。可事实上，爱情的很多问题都得靠金钱来解决。人们都懂，之所以嘴上形成这样的共识，是因为都盼着别人先成为"爱情至上"的人，这样跟这些人相处至少不怎么会吃亏。

　　"爱钱"是个正常的偏好，和喜欢颜值、喜欢性格、喜欢某些优秀品质是一个级别的偏好，并不存在喜欢这些就高级，喜欢另一些就低级。

　　钱是如此重要，以至于很多人都要在家庭中据理力争，甚至不顾脸面，所以处理不好金钱关系，也必然留不住爱情。

认知清单 ▷

1. 我们这一生的目的就是拥有更多更好的人生总体验，若追逐一份体验要以丧失或极大概率丧失更多同级体验为代价，那就选择不体验当下；若不一定能增加更多体验机会，我们就倾向于先把当下的体验抓住。

2. 金钱是人们社会劳动贡献的记录刻度，它在爱情中是中性的存在，并不邪恶。

3. "看上人"和"看上钱"并不能严格地割裂开来。

4. 人们都希望爱情的产生是毫无缘由的，这是妄念。

5. 每个人都不必然把物质条件列为必选项之一，但我们同样要尊重他人的选项组成。

6. 想要减少被"渣"的概率只有一种方法，就是提升对方行使渣行为的成本。

7. 另一半的价值的极大提升，在给你带来了收益的同时，必定会带来风险和危机。

8. 家庭首先要有一个"团体利益最大化"的共识，然后在此基础上追求个人利益最大化。

9. 平衡家庭和事业指的是你在这两件事上的总效用达到了最优。

爱情和金钱
哪个更重要

爱情和金钱的优先级哪个更高

爱情和金钱哪个更重要，可能有人会说都重要，但这对解决问题毫无帮助，因为我们想知道的是"更"。大家真正想知道的是，当这两者有时间和精力上的冲突时，该选哪个？

我们在古语或谚语中可能会找到各种解释，例如说金钱重要的，有"贫贱夫妻百事哀"，也有说爱情重要的，像"有情饮水饱"，但这都不能作为依据，以上种种都只是根据某个人或某一小部分人的个体经验去推导事物的普遍发展规律，我们要做的是逻辑验证。

爱情是我们希望享受到的一种感觉，金钱则是爱情和爱情之外的很多事物的基础保障。从这里可以发现，爱情和金钱其实并不能并列地摆在一起比较，它们是分属于不同维度的东西——对一部安卓手机而言，如果爱情是微信，金钱就是安卓系统，手机里没有微信可能会损害你在某一方面的体验，你会羡慕那些带了微信的安卓手机；但如果你的安卓系统比较卡，虽然不妨碍你使用微信，却会损害你用手机时的所有体验。

当人们问爱情和金钱哪个更重要时，我们需要先搞清楚这个提问的人是什么状态：

1. 没钱

对于没钱的人而言，金钱在很多时候都该排第一。因为爱情仅仅是人生的其中一种体验，是否排得到"最不能错过"或"最受欢迎"的体验还见仁见智，而有钱可以实实在在地获得很多新的人生体验。尤其是对于"从没钱到有钱"而不是"从有钱到更有钱"的人来说，有无数跟爱情同级的体验等待尝试，所以两者的重要性几乎没有可比性。

若提问人本身的认知能力很弱，容易被周遭环境影响，就更不能选择爱情至上了，因为这类人很容易在现实的各种刺激下，把其他方面的不顺利怪罪于在爱情上投入太多，最后不仅会导致一无所获，还会误以为是自己过于"高尚"，从而得出"人不能太高尚"的错误观念。

2. 有钱

如果你已经有了很多钱，可以类比成你的安卓系统非常流畅，那么装不装微信对你的影响就大于系统是流畅还是特别流畅对你的影响了。

有人问过我一个问题：自己身边有一些女强人说"面包我有，你给我爱情就好"，这是种什么心理？

这是一种特别缺钱的人很难理解的心理。绝大部分东西的效用都不可能随着刺激的增长而一直同比增长，当再增加更多的金钱也很难获得更多的体验时，金钱以外的东西的重要性就会大幅上升，爱情就是其中之一，亲情、友情等也一样。

常有富豪在功成名就时想明白了"钱比不上感情重要"的道理，其实这是一种"貌似想明白"的幻觉。真实状态是，当钱的增减到了不影响生活状态的时候，它的效用自然就会降低。

3.暂时没钱

暂时没钱的状态需要跟没钱的状态区分开来，暂时没钱指的是当下没钱但之后一定会有钱，而没钱指的是之后不一定会有钱。

对于暂时没钱的人而言，由于没钱的状态只是暂时的，例如赚钱能力很强，只是暂时没有攒下钱，那么也可以选择爱情至上。

拥有金钱并不是最终目的，就像安卓系统本身并不能带给我们什么体验，我们体验的是运行于其中的应用，所以金钱是很重要，但在注定不会缺钱的前提下，最好不要错过那些享受爱情或其他类似体验的时机，手段和目的还是要分清。

到了这里，关于金钱和爱情，我们的最佳策略就呼之欲出了：我们这一生的目的就是拥有更多更好的人生总体验，若追逐一份体验是以丧失或极大概率丧失更多同级体验为代价，那我们就选择不体验当下，转而抓住更多让之后能有更多好体验的机会；若不一定能增加更多体验机会，我们就要倾向于先把当下的体验抓住。

"肯为你花更多钱" 是否代表对你更真心

很多女孩挂在嘴边的一句话是，"检验真心的标准是肯不肯为我花钱"。

这句话有没有道理？或者说"爱得深不深"是否可以这样和金钱挂起钩来？某些情形下是有一定道理的，但并不总是适用。

有道理的地方在于，我们都知道爱情是一系列特定企图引起的肾上腺素飙升的感觉，如果你享受这种感觉并想继续保有，那么原则上它一定是有价格可以衡量的。

假如我们手里有一杆秤，我们可以在秤砣那里放上一定数量的金钱 —— 你愿意为了继续保有这种感觉而承受多少金钱的损失？理论上，一方是可以用这种方式测出另一方愿意承受金钱损失的最大值的，假如避免金钱损失就必须以分手为代价的话。于是很多人就会用这个值去定义自己在对方心中的价格，越高的自然就是越爱。

听起来有点道理，但由于很多人使用的计算方式太过粗糙，最后的结果就不够精准，因为愿不愿意花钱、愿意花多少钱，还受到其他一些因素的影响。

首先是目的。

当一个人为你花钱的时候，他考虑的是单次花钱以便即时得到你身上的某些好处，还是准备好了以某个标准给你花一辈子的钱以便能给你带来最大的幸福总量，这是有很大区别的。

一模一样的两个人，前者基于"短期交换"的意图，愿意一次性支付给你的金额一定比后者要多，因为他不需要考虑持续支付，而后者不仅要考虑持续支付，还要考虑支付的金额多次超限后会不会降低未来对你的持续支付能力——理论上，每一份消费都是以放弃了未来的部分资产利得或机会为代价的。

很多人不清楚这中间的差别，他们会单纯地以"对方肯花多少钱"来衡量对方对于这段关系的维系意愿。其实，目的不同，"当下愿意花多少钱"的意愿强度肯定就不一样。

其次是资产。

当我们去判断对方愿意为了维系一段关系付出多少金钱代价的时候，我们需要清楚，如果按金钱的绝对值来算，那么拥有更多资产的人在多数情况下就有意愿付出更多金钱来维系关系，因为同等数额的金钱占其资产比例更小，对其造成的影响更小。如果一个女孩用这种方式去筛选另一半，显然在某种程度上等同于筛选"谁更有钱"，而不是"谁更真心"。

那么纠正一下，是不是要衡量对方按愿意付出的金钱占其资产的比例才对？这也不全面。

例如，A身家一个亿，B手上只有一个饼，你能说A给你5000万元等同于B给你半个饼吗？当然不能。因为A要再获得5000万元的难度跟B再去挣半个饼的难度完全不在一个等级上。

因此，我们只能综合对方的目的、对方拥有的资产净值、流动资产数量、金钱损失占对方总资产和总流动资产的比例等因素来判定——某个特定条件的人，愿意为你花的钱能够代表几分真心。

虽然这依然不准确，但比起简单粗暴的衡量方式已经好上很多了。只是尽管如此，我依然不建议用"极限测量"的方式去试图给对方的真心打分，因为对方是人，一旦意识到你在做什么，后果必然对你不利。

看重金钱因素
可耻吗

看重金钱的两大表现

看重金钱往往为人们所不齿，大家想象中的"高尚情操"显然从来都跟它不沾边。但事实上，人们对于金钱或许有着一定的误解。

金钱当然不是万能的，但谁都无法否认它的重要性，哪怕在爱情中也是。很多人在解决现实问题的时候常常不得不正视金钱，然而在口中又羞于提及，更过分地还会把它跟爱情对立起来，认为一段纯粹的爱情不该涉及金钱因素。这对一部分人来说是错误理解，对另一部分人来说是掩耳盗铃——金钱是人们社会劳动贡献的记录刻度，它是如此中性，何罪之有？

看重金钱的人大体上有以下两种表现：

1.致力于自己拼命挣钱；

2.将物质因素作为择偶时的重要考量因素。

对于第一种，只要在法律框架之内，多数情况下不仅不可耻，还非常正能量。大多数人反感的都是第二种，因为就算门当户对也显得势利，如果己方物质条件更差，就更是带了点"不劳而获"的味道。

然而，只要你环顾四周，结合自己的经历，就知道这种意愿并不是想实现就能实现的，因为本质上这件事是要你以一些对方感兴趣的特质去"交换"的，并没有那么简单就可以不劳而获。所以，希望另一半有好的物质条件也好，有姣好的面容或者身材也罢，都没有什么区别。但是，为什么常见人们对"看重金钱"的人表示不屑，却不见对"看重容貌"的人产生鄙夷呢？

理由就是金钱易衡量，而其余绝大多数特质都不易衡量。当某个特质不易衡量时，基于这个特质的标准就会变得模糊，一旦模糊，对大部分达不到标准的人的伤害就小——他们不再会因为某种风气的盛行而在婚恋市场上变得明显不受欢迎。

我们倡导"欣赏他人的内在美"，这反映了整体社会层面的美好愿望，但实际生活中，每个人对金钱的看重程度还是会有不同，这是因为：

首先，结果对人的影响远大于口号。这就是所谓"身教大于言传"的原因，因为身教看的是直接结果，而口号容易被怀疑是否结果真的是这样。

其次，只有真正想明白了某件事的好处才会坚定执行。例如我自己，虽然很多特质都在我的欣赏列表里，但跟内在相关的某些特质确实占的比例会非常大，这是因为我经历并看到了一些结果，想明白了一些事，而不是我受到了谁的教育或者接受了谁的感召。

正面教育是有必要的，但金钱并不负面，这是我们需要分清楚的。人们有时会因为过度追求金钱而失去一些美好的东西，但金钱本身并不可耻，也不邪恶，人们的过度追求只是因为它较为重要，所以激发了想要拥有它的贪婪之心。

我们需要正视自己的欲望和需求，允许自己在择偶的时候给金钱分配一个合理的占比，同时尊重别人的心里有不同的占比，不因别人的占比跟自己的不同而攻击他人，如此才是真正的和谐。

喜欢你的人还是喜欢你的钱

人们普遍讨厌对金钱过于看重的人，于是这部分人就会在社会安全感和利益之间做出平衡，这样就分化出了两类人：

一类是**显性的**，指的是毫不掩饰地承认自己喜欢钱，例如"宁愿坐在宝马车里哭，也不坐在自行车上笑"，这显然非常刺痛大众的神经，所以显性的人就必然要面对千夫所指；另一类是**隐性的**，例如明面上举了自己喜欢的人一大堆善良、温柔、懂得包容之类的优点，最后大家发现这个对象最刺眼的特质还是钱多，只是这类人的社会安全感需求更强，坚决不承认自己喜欢钱。

显性的人谁都讨厌，而隐性的人要等被发现了以后才会被讨厌。有人可能会奇怪，没钱的人对这种态度表示厌恶很正常，有钱人明明就符合要求，为什么也会心生厌恶呢？

这是因为多数有钱人都希望对方喜欢的是自己的人而不是自己的钱。之所以有这样的心理，有两个原因：

1.那些明显会被大众喜欢上的东西已经不能带给他们更多的心理快感，就像很多好看的人都希望对方喜欢的不是自己的脸一样（非常希望对方喜欢自己容貌的人往往并不是特别好看）。

2.需要更多的心理安全感——如果我没钱了，还能不能用别的特质来吸引你？

有钱人试图将"有钱"这个特质从身上剥离下来，看看自己还有没有其他什么吸引力，但其实很难。

我们看上一个人时，看上的一定是这个人的整体——有些人在某些特质上非常加分，我们就可以容忍对方在其他方面的缺点。

"有钱"是个很大的优势，也是一个人在世俗价值上的很大一块组成部分，"看上人"和"看上钱"并不能严格地割裂开来。

有人可能会问，如果当初看上的是钱，那么当对方没钱的时候会不会选择离开？

这么问是不太合适的，因为任何你看上的特质消失或减退都会导致爱情感受的削弱。例如，你喜欢的就是这个人性格好，如果对方突然变得无理取闹、很暴躁，且没有任何改变的意愿，你会不会继续保有同等的爱情感受呢？也是不可能的。所以，同理，"有钱变没钱，导致对方离开"也并不特殊，不能独立分析。

很多人都希望爱情的产生是毫无缘由的，这是一种妄念。任何事物都不可能凭空产生，也不会凭空消失。大家都希望有一个"无论我怎么变化，对方都不会离开"的爱人，因为对方喜欢的是"我"这个人，其实这是一种错误理解。真相是，"你"这个人无时无刻不在变化着，下一秒的你也并不一定还是上一秒他喜欢的那个人，明白了这一点后，你就只会对自己有要求，而不会对对方有虚妄的期待了。

要求有房有车是否就是势利

我曾经了解过很多女性对另一半的要求，其他的都五花八门，但有一条——"拥有自己的独立住房"是大部分女性的共同意愿。

房子对于我们的意义在哪里？有人能说出一大堆，例如传统观念之类的。但那其实都不太对，房子真正的意义在于一份安全感。可这份安全感并不来源于房子本身，而是房子背后代表的资产数目——任何如房子一般贵重的物品都可以替代房子的作用——不会有人纠结一个亿万富豪有没有自己名下的房子，因为房子只是财富的一个指代。同理，当房子不值钱的时候，有一套自己的独立住房便不再会成为择偶标准，这也说明了它本身并不能带来安全感。

因此，**所有要求有房有车的标准，本质上要求的都是钱。**那"要求对方有钱"这件事有什么门槛吗？

有个男生问过我这样一个问题：为什么有些女生自己的物质条件并不好，却可以理所当然地要求另一半物质条件优越呢？

这是因为评价双方价值的社会评判标准不同，一个貌美的女生当然可以相对更容易地找到物质条件优越的男生，反之亦然。这种匹配的本质就是关于各自偏好的对等交换——如果男生最看重的也是钱，那貌美的女生就没了优势，可惜事实并非如此。同理，男生的财富对世俗价值有较大的加成作用，也同样是出于女生的普遍偏好，并不是谁规定的。

而之所以有些男生会产生上述疑问，或认为女生要求男生有房有车是势利的表现，其实是自己在男生群体里的财富排名过低了——就像我没有一米八，一见有女生说非一米八不嫁，我就想"纠正"她的择偶观，其实这是人家的自由，我只是对"她的择偶条件里没有包含我，于是觉得自己在和他人的对比中落后"这件事感到有些不舒服而已。

我们必须明白一点，女生要求有房有车，并不是在刁难男生。因为双方并非竞争对手，而是潜在的合作者，合作的内容就是借助对方拥有的东西来满足自己的需求。只有男生和男生之间、女生和女生之间才是竞争关系。

如果用职场来对比，提出要求的女生只是展示了别家公司的录用信或者自己的价值能匹配的市场标准价，有的公司认为她要求高，往往是由于自己的竞争力匹配不起导致的。事实上，在同等条件下，她能优先匹配你，本身也是一种偏爱。

每个人都不必把物质条件列为必选项之一，但我们同样要尊重他人的选项组成。若是潜在的另一半真的"要价过高"，自然会自食其果，在无法得到"市场响应"之后就会主动调低自己的"要价"，无须我们指手画脚地给他关于"指导价"的建议。

作为想匹配的一方，自己努力提升自己的竞争能力才是正事，否则就算房子、车子的要求没了，还是会有新的指代，是不是这个道理？

是不是
有钱就会变"渣"

如何定义"渣"

我们常听到有人说某人很"渣"，被这么形容的，往往是在感情上表现出朝三暮四或脚踩两条船行为的人。

不同的人对"渣"的主观判定标准不同，这跟个人的教育背景及承受能力等都相关。有人认为，一旦开始两情相悦，谁先变心，谁就背叛了感情，背叛了誓言，就是"渣"；也有人认为，是否变心并不重要，重要的是，是否同时和多人交往；还有人认为，同时交往也不重要，重点是事先是否言明，如果言明，双方接受则可以，不言明则是"渣"……

所以，"渣"首先是一种"主观认定"。

不过就算再主观，用再宽松的标准去看待，如果是"先达成了一对一的契约，然后在对方不知情的前提下又同时和多人交往"，肯定也到了"渣"的标准。可是这就不特殊了，因为它就是最普通的欺骗，跟生活中的其他欺骗并没有太多区别。

因此，为了沟通时彼此能明白大家表述的同一个词指代的是同一个情境和语义，如果一定要给"渣"这个本是主观认定的词一个普适性的定义，最合适的判断标准应该是"是否遵守既定契约"，而不是简单意义上的朝三暮四。

说一个人"渣"，应该是指这个人违反合约，这里又分为违反"口头承诺"和"法律合约"。

口头承诺，可以是口头上的海誓山盟。比如恋爱时，虽然大家也可能达成过一对一甚至是永久一对一这样的一致，但这种承诺是不受法律保护的。

由于人的特殊属性，无论你对一个人的个性、偏好等方面进行了多么详尽的调查，最后都可能徒劳无功，因为人的各种特性不仅事前容易伪装，而且事后可能随时随地因为经历而发生各种变化。

于是，"之前喜欢但之后不喜欢"就非常正常了。这里不一定涉及喜新厌旧，很可能只是对对方了解得更真实或更全面了而已。

恋爱期极少有约定"代价"的，因为恋爱代表了一个试对过程，合则来，不合则去。你可以和任何人宣布恋爱关系，也可以否认，并没有任何凭证，在个人财产方面也不存在任何绑定关系。

因此，若你在恋爱期间要说对方"渣"，其实不容易。因为无论对方做了什么样的行为，由于恋爱的非法律合约性质，这个人同样也在此期间承受了"被你渣"的风险。你愿意开始一段暴露在真空中的关系，就默认了双方要承担的风险。

婚姻则是另一种样子，如果一个人一旦被发现脚踩两条船，我们就说他违反的是第二种合约——法律合约。

和其他商业合约一样，违反婚姻合约就要付出相应代价，例如离婚时过错方会拿出一定的财产补偿。

但这件事的权利义务关系显然应该到此为止。一方违反了法律合约，也付出了相应代价，就不该对其另加惩罚，如果还在精神上继续对"渣行为"施压，那就说明是当初约定的惩罚代价不够——由于合同的疏漏导致的亏损，其实该由当事人自负。

所以，虽然我们平时根据自己的偏好会对某些自己认为的"渣"行为非常看不惯，也会忍不住吐槽，但要记住，这只是我们的个人偏好。一个人唯有在该付出成本而未付出或付出不够的前提下，才"应当"被施以额外的惩罚。

"渣"行为从情感上来说并不好，但它不该被看得那么特殊。想要降低被渣的概率只有一种方法，就是提升对方行使渣行为的成本。无论是提升自己在对方眼里的价值，还是约定更高的违约代价，都该在成本上下功夫。

哪类人有更大概率会变心

"渣"是对在感情中不遵守既定合约的某些表现的主观认定。在现实生活中，没人可以百分百确定自己的伴侣是否会做出自己主观认定的渣行为，但不同的人概率还是不一样的。

我们拿对渣的基础起点——"变心"这件事来举例，什么样的人更容易在有了伴侣后移情别恋？

1.伴侣覆盖优势小

很显然，如果一个人的伴侣不具备任何优势，那么这个人被其他人吸引的概率就会大得多，因为能吸引他的维度实在是太多了。

在这个人眼里，漂亮是有魅力的，年轻是有魅力的，有钱是有魅力的，皮肤白是有魅力的，瘦是有魅力的，性格好是有魅力的，可爱是有魅力的，专注是有魅力的，幽默是有魅力的，干练是有魅力的，说话声音好听是有魅力的，长得高大是有魅力的……这些别人身上的特质都会因为自己的伴侣不具备而变得格外有魅力。

在同等克制能力的前提下，这些人受到的诱惑自然大得多。

2.变心的环境宽松

一个人变心的概率和他所处环境的"宽松"程度很有关系，其原因不仅是简单的"被朋友带坏"，也不仅是"有样学样"，而是当一个人执行相关行为不会受到大的社会压力或不容易被发现的时候，就更容易去执行。

例如，某人一直接受着"只要在一起就要一生一世"的道德教育，那么他在受到诱惑的时候，就必须先抵抗内心的煎熬，因为跟他笃信的观念不一致；他的师长、朋友、父母若都是某种道德观念的拥趸，那么他一旦做出不符合该道德观念的行为，就可能被整个关系网唾弃，这就是高成本，所以更不容易去执行。

此外，一个人如果长年累月处于"不受监管"的状态之下，也更容易"看起来"自制力相对薄弱，例如常年在外地出差，使得监管人和监管关系网离得较远的人。自制力是"自己"的事，怎么还跟监管有关？是的，我们平时说的自制力往往并不纯粹，它是一个"合力"，里面还掺有很大一部分"他制力"。

3.后期相对成长快

有人可能会奇怪，为什么要特指"后期"成长？因为前期的价值已经在匹配中体现了。如果我们粗略地把人的世俗价值分为 A、B、C 三个等级，通常来说，在匹配的时候某人就达到了 A 级，那他很少会找 C 级的对象。

但如果你一开始是 C 级，后期通过一些方式快速逆袭成了 A 级，由于你在 C 级时很难匹配到 A 级对象，现在却能轻易匹配上了，此时你受到的诱惑就大多了，因为直接回到了我们的第一条，你原先的伴侣覆盖的优势变得极小。优势就是优势，为什么会变呢？当然会，你接触的人不同了，拿来和伴侣做比较的对象就有了不同。

除了后期成长，为什么要特指"相对"成长呢？因为虽然你相对以前的自己在成长，甚至相对周围的其他人也在成长，但如果你的伴侣在各方面的成长都比你快得多，你还是要承受更大的"被移情别恋"的压力。

不过也有例外，如果**你们的价值增长是由某个或少数几个维度的极大增长撑起来的整体价值增长，那么当超过某个临界点时，就有了另外的规律**。

例如，两个人原本在世俗价值上都较低，哪方面都不优秀，但之后都通过努力身家过亿了，照上面的理论来看，他们彼此之间还是价值均等，成长程度也差不多。但由于他们整体价值的提升是靠"钱"这一维度的极大提升撑起来的，其他方面的劣势均没有变化，那么此时他们更容易各自走上用钱来换取其他维度优势的道路，也就是"各玩各的"。

所以，虽然提升自己很正确，但要更大概率地防止另一半生出"异心"，还得多管齐下。这个多管齐下不是掌控对方的人身自由，而是掌握整个相处关系和相处模式的大局，以及在多处同时提升自己的价值。

最后回到标题，人们常说的"男人有钱就变渣"这样的经验式俗语有没有道理呢？是有一定道理的，因为钱常常会使人满足上述3点里的至少一点：

1."有钱就变渣"说明以前没钱，伴侣大概率不会是女神之类优势覆盖很广的类型——很大概率符合第1点；

2.相较于没钱状态，处于有钱状态的人有更大概率满世界跑，无论是工作需要还是出差成本都相对更低，于是不受监管的环境就更多——有一定概率符合第2点；

3.男人有钱是其世俗价值的一个极大提升，毕竟评判男人世俗价值的标准就摆在那里——有极大概率符合第3点。

看到这里，可能很多人会对人性感到失望，其实这不关人性的事，另一半价值的极大提升在给你带来了收益的同时，必定会带来风险和危机。这是硬币的两面，没有人可以只享受收益却不承担风险。

但换个角度看，它也并不必然会发生，"另一半价值的极大提升"只是往某一边加了砝码，你同样可以努力在另一边加砝码，无论是增加你自己的匹配价值，还是提升对方的"违约成本"。如果你什么都不做，却期待事情自动往更好的方向发展，通常就会是噩运的开始。

牺牲自己
成就家庭划算吗

女性该不该把事业放在家庭前面

一谈到爱情和事业、婚姻和事业的平衡问题，男性面临的往往只是"是否该抽出更多时间陪伴家庭成员"这样的程度问题，女性则难得多，她们常常要面临"是否该彻底放弃事业转向家庭"这样非此即彼的选择。

关于女性在事业和家庭中的选择，社会上有两种声音，一种认为女性要事业至上，绝对独立，这样才能在感情不稳定的时候有底气照顾好自己；另一种认为女性过于独立不利于家庭和谐，还会给另一半造成压力，男性普遍希望有个顾家的另一半，尤其是事业有成的男性，因此大女人往往不如小女人有市场。

的确，成功的男性更希望自己的另一半是小女人，这不是因为他们接受了什么不一样的教育，而是因为他们有了足够的钱，另一半在事业上的成功就不能给他们带来任何物质利益上的加成，相反，若另一半能为他们提供舒适的家庭环境及较好的情绪体验，对他们而言才是价值万金的——更值钱的人的需求大概率也会更值钱，因为他们能付更多钱。

所以，如果一位各方面条件都还不错的年轻女性的目的仅仅是过上一段不错的物质生活，那么相对而言，找一张"饭票"，帮他打点好事业以外的一切事务，并提供给他必要的情绪价值，肯定比自己打拼到同等地位的难度要低。

只是现实中，这样的相处状态大都不太健康。

每个人都会基于自己和对方手中的"筹码"，来对交往的利益界线做一个估算。无论是父母孩子之间、朋友之间、合作伙伴之间，还是恋人夫妻之间，如果一个人始终处于可替代状态，另一个人始终处于不可替代状态，那么两个人的利益和权益的天平一定会不断地向某一边倾斜，最终导致平衡关系解体或名存实亡。

因此，女性究竟要不要把事业放在家庭前面取决于两件事：

1.自身对于独立人格的执着程度；

2.另一半的事业情况。

对于第1点来说，一个人如果对独立人格的执着程度很高，那么就必须经济自由（经济自由是一切独立人格的基础，参照亲子关系）；对于第2点来说，若另一半的事业情况一般，那把事业放在前面是非常合理的选择，若另一半的事业情况很好，则可以考虑把家庭放在前面，但最好同时拥有一份可能谈不上事业却至少能养活自己的工作，这也是相处中可以平衡利益的底气。

谁更该为家庭牺牲事业

曾经有人问我，如果夫妻双方都认为"谁拥有事业，谁就在家里拥有更大的话语权"，于是为了家庭地位，都想自行在事业上做出成绩，让对方成为辅助角色，该怎么办？

又或者 A 为了 B 的事业而放弃了自己的事业，专心担任了辅助角色，结果 B 在 A 的辅助下事业有成，此时 A 是否必须接受价值落差？这样是否公平？如果公平，恐怕就没人愿意在家庭里用牺牲自己的方式来辅助他人了。

这个问题是现实存在的，每个人都会觉得自己对家庭的贡献很大，无论是在外打拼还是全职照顾家庭。哪怕在外打拼得并不好，也会认为自己为了家庭已经尽力了；哪怕照顾家庭照顾得不怎么样，也会认为对方回家能有口热汤热饭都是自己的功劳。

只要组建了家庭，无论分工是什么，贡献肯定都是有的，但"有"不代表均等。家庭角色中，谁处于贡献的核心地位，谁处于辅助地位，基本上一目了然，那么处于辅助地位的人想要得到更高的家庭地位，是不是能抢着做处于核心地位的人该做的事呢？

整件事的逻辑是这样的，我们讨论的是正常的家庭关系，有着共同奋斗的愿景和基础，在这个前提下，两个人既然组建了家庭，默认就是"战友"，得先遵循两条基本规则：

1. 两个人都是为了家庭利益最大化；

2. 一方退而求其次选择辅助后，双方获得的总利益是大于双方各自打拼的。

谁该做辅助，得看谁做辅助能使家庭的总利益达到最大。当马云发现对儿子的管教不够时，就让妻子离开了公司全职照顾家庭，如果他的妻子并不想回归家庭，而是希望跟他一样打拼，怎么办？不是不可以，但如果双方都确认要有一个人做辅助，他的妻子依然坚持打拼自己的事业，就违反了以上的共识规则。

一支NBA（美国职业篮球联赛）球队里有投最后的胜负球的人，也有负责守护禁区、拼抢篮板、拼死防守的人。超级球星可以签上亿美元的大合同，可以有无限出手权，所以数据基本都很好看；普通球员只能拿一两百万美元的底薪，做的事情往往数据无法体现，偶尔想展示一下投个篮，或许还会被教练换下甚至被裁，因为不是个好的团队球员。

当最后一投有机会的时候，谁都想表现一下。当拿着顶薪的球员没有把球投进的时候，并不意味着那些底薪球员在同样的位置就投不进。可有些人就是有机会，投不进也没人责怪，另一些人就是没机会，一整场都有好手感也不能出手尝试。

一场球的胜利所有人都有贡献，少不了他得的分，也未必少得了你的一次防守或一个篮板，最终夺冠了是全队的合力，可他怎么就能靠那些显眼数据签下大合同呢？

超级球星不是谁评出来的，投球权也不是主教练送的，而是靠实打实的实力赢来的。只有那些在队内打服了队友的人，才有资格屡次出手，因为他们已经证明了他们的每次出手都比其他人更有把握。如果你想拿更多的薪水，就不应该在场上跟他们抢夺出手权，而得先在场下证明这一点。

家庭里的牺牲和接受辅助角色也是一样。如果你不愿意接受，要么在选人的时候就不能选事业强过你的人，要么就得证明自己更配成为家庭核心。例如，有些全职太太发展出了一份不错的自由职业，成为家庭的主要收入来源后，承担家庭各项任务的角色可能就调换过来了。

家庭首先要有一个"团体利益最大化"的共识，在此基础上追求个人利益最大化就无可厚非，但这并不意味着谁接受了"辅助"的角色就一定会在家庭内部"低人一等",辅助做得出色、不可替代还是平庸,也有很大差别。价值不仅仅只有事业和钱可以体现,最重要的是看一下自己做的事和同类人之间的客观对比,只要提供了超过大部分竞争者的价值,一样可以很受尊重。

平衡家庭和事业的两大法则

平衡家庭和事业几乎是每个人的梦想,但有没有人想过,这个"平衡"指的是什么?

通常人们会认为,这个平衡指的是两件事都做到最好。事实上这是不可能的,因为这两件事本质上是个零和博弈,它们的零和点在于对不可再生的时间的争夺——就算一个人看起来事业很成功、家庭很美满,也并不意味着他把两件事都做到了最好,因为如果他专注在一件事上,本可以把这件事做得更好。

所以,这个平衡既不是指你需要把两件事都做到最好,也不是指你需要同时把这两件事做得让某个人有多么满意,而是指你自己在这两件事上的总效用达到了最优。

根据在分析"爱情和金钱"的重要性时得出的推论,我们可以给出两条适用于多数人的平衡事业和爱情的基础法则：

1.当事业还不怎么样的时候，事业几乎都是第一（第一不代表仅有）；

2.当事业达到了"继续进展也无法增加多少成就感，或有更多的钱也很难获得更多的生活新体验"的时候，多用心享受爱情。

这就是适用于大部分人的规则，当然也有例外，但比较少。有人可能会说："我就是例外，我就是爱情至上，哪怕我的事业不怎么样。"

这么表达的人多半都不是爱情至上，而是休息至上、娱乐至上、游戏至上、聊天至上。他们除了付出时间给爱情以外，往往还有大量的休闲娱乐和休息时间。一天有整整24小时，他们通常只是把发展事业的时间分给了休闲娱乐和休息，却声称给了爱情。这就是多数口口声声"爱情至上"的人最喜欢用的谎言，要学会分辨。

AA 制婚姻
是否可行

婚后要不要实行 AA 制

"结婚"就两个字，结婚证就几块钱，都特别简单，但随之而来的问题一点儿都不简单。

婚姻里最常见的问题就是钱。婚姻用法律的形式把两个人在婚后的劳动成果绑在了一起。从一定角度来讲，既然结为了夫妻，在物质利益上自然就该不分彼此，但这说法代表不了正确，忽略了人性的口头社会共识仅仅是一种"强扭的瓜"，无法让所有人真正意义上认同，于是很多人在行为上表现出的自然就跟嘴上认同的不一样。

有些人赚钱能力强，有些人赚钱能力弱；有些人家庭贡献多一些，有些人家庭贡献少一些，这些差异都有可能使某一方对"平分"这件事感到心理不平衡，于是会有人提出"AA制"——自己挣的钱自己花，自己的消费自己埋单。

这样看起来谁也不吃亏，但很有可能导致"公地悲剧"。

公地悲剧指的是群体里的每个人都在博弈中追求个体利益最大化，却导致群体利益共同受损的现象。如果只有自己挣钱才对自己最有利，就必然不会有人想去承担家务等公共责任，甚至女性可能都不愿意生育——为什么生育后的收益是双方共享，而男性可以在此期间不影响事业，自己却要承担生育带来的事业影响呢——最终可能导致双方的婚后体验都变差。

自己挣的钱自己花，本来是一件很公道的事，但问题就在于婚后有太多的"公共事务"，无论是谁解决了公共事务，利益都是共享，而解决者往往得不到额外奖赏。

我这里就有一个案例，来自我身边的朋友：

丈夫赚钱比妻子多出不少，钱都放在妻子的口袋里，而妻子也承担较多的家务，是一个标准的中国式家庭。

有一次，妻子购买了过于激进的理财产品，亏了一大笔钱，于是丈夫就提出了 AA 制，因为他认为妻子亏掉的是属于两个人的共同财产。

妻子不得不同意，但同时也不再承担丈夫的那一份家务，原因很明显：既然自己挣钱自己花，为什么还要为公共事务买单呢？于是丈夫只能自己承担自己的那份家务。

丈夫平时的工作非常忙碌，几乎每天都要加班到深夜，一承担家务，顿时工作的时间就变少了。一段时间后，整个家庭的收入都减少了，损失的财产甚至比妻子亏掉的理财还要多。

那么，婚后要不要实行AA制？没有一个适合所有家庭的答案。如果较高收入者不怎么在意金钱上的纠葛，可以不用AA制，也能够很和谐；但如果较高收入者认为在金钱上让对方占了便宜，此时可以尝试AA制，不过一定要有心理准备，并用合理的方式处理好随之而来的副作用。

如果AA，如何AA

假如家庭中的双方在金钱的分配上完全没有"吃亏"概念，这种情况我们就不在这里赘述了，这样的家庭也不少。我们要着重帮助的，是那些希望AA制但又处理不好公共事务责任的家庭。

根据我们上面的分析，如果要AA制，不对增进公共利益的行为予以激励肯定是不行的，而要有激励，就一定要有"公共池"。首先，双方最好建立一个公共的"家庭基金"，并为所有的公共劳动标上一个大体的价格，这个价格大约就是市场价。为什么是市场价？这是因为可以把这种激励看成具体执行者到别处去做了一份兼职，若双方都不愿意接受这个价格，就证明了至少两个人把同等时间花在别处都有更大的产出，于是可以从家庭基金里拿出钱去市场上请人回来做家务。

常听到部分女性抱怨：做女人真惨，男人只需要赚钱，而女人既要赚钱，又要做家务。这时候家庭基金的适用性就体现出来了。若丈夫想不分担同等比例的家务工作，家庭基金里就需要按照市场价格以固定频率分配一定的金额到妻子的个人账户里，如此就是多劳多得、不劳不得，非常公平合理，谁做、谁不做都不需要抱怨。

那么，究竟该拿出多少钱到家庭基金里呢？

这里有两种方式：

1. 每人每月各拿出收入的固定比例到家庭基金；

2. 每人每月各拿出定额资金到家庭基金。

第一种方式显然对较低收入者有利。因为放入家庭基金金额的绝对值肯定是高收入者更多，参照公司形式，此时高收入者是家庭基金的"大股东"，家庭基金如何使用当然该偏向高收入者的意愿多一些。

第二种方式看似更公平，但事实上对高收入者更友好。因为高收入者放入家庭基金的金额占自己的收入比例更小，考虑到两个人能成功结合，在多数情况下是因为效用对等或价值对等（非世俗价值对等）。例如，A 的钱配上了 B 的美貌，那么在第二种方式下 A "享受"了 B 的美貌，B 却没有在钱上占到任何便宜，这就不太合理。因此如果是第二种方式，通常家庭基金的使用方向就要更多地让渡给较低收入者，毕竟较高收入者手中还有更多比例的钱去实现自己的意愿，在家庭基金的决策权上最好不要过于执着。

以上两种方式并没有哪一种绝对更好，只有哪一种更适合。判断的关键点在于，较低收入的一方对于家庭基金的决策权的归属是否十分介意。如果较低收入者对于决策权抱着无所谓的态度，那么第一种方式就是合适的；如果较低收入者希望在家庭基金的决策上有较大话语权，那么主动提议采用第二种方式就更适合。总之，AA 制有一个原则，双方都同意和满意才行。

家庭基金有了，接着谁该承担更多的公共事务呢？没有谁该、谁不该一说。但既然 AA 制了，又有了家庭基金的补助，通常来说，较低收入的一方承担更多更为合适，这也算是一种变相的"兼职"。

第四章

— 相处 —

维持和谐关系

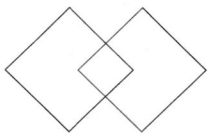

突围方向 ▷

很多人都以为，相处是一门更接近文科的学科，要彼此相亲相爱，用人文主义的胸怀去为对方付出。其实，相处是一门更接近理科的学科，如果你没有对人性的深度认知，没有较强的逻辑学和博弈学基础，很容易把它搞砸 —— 无论你有多强的道德感。

有人在爱情中处处忍让，有人在爱情中咄咄逼人，大家都觉得这是自己的个性使然。其实，一个人在另一个人面前表现为怎样的个性，背后都有底层逻辑，绝非"这个人就是这样"，而绝大多数相处策略都可以根据底层逻辑调整得更好。

认知清单 ▷

1.世俗价值是按世俗的某几项评判标准得出的一个人在社会多数人心目中的"标准估值"，而价值指的是主观价值。

2.如果你做的就是一些低成长、无积累、无法接触额外机会的事情，那么你会越来越趋向于只能做这个。

3.妥协不是所谓的好品质，原因只有一个，那就是继续坚持对自己有利的做法或观点，可能导致更差的结果。

4.沟通的标准是以最有效的方式传递最精准的信息。

5.如果我们对待家人像对待陌生人一样敬畏，大部分矛盾都不会产生。

6.如果对方为你做什么都无法得到收益，就会渐渐倾向于多拿你的，而不是多付出自己的。

7.规则越清晰，谁对谁错就越没有无理取闹的余地。

8.做自己不单单是"为所欲为"，一个人在权衡利弊之后做出的决策，当然也是做自己。

如何跟价值高过
或低于你的另一半相处

另一半的价值低于你怎么办

在相亲市场上，帮着张罗的父母们往往会优先挑选世俗价值对等的另一半，可在自由结识另一半的场景中，年轻人们往往不一定看重这些，例如一个人可能会单纯地因为另一个人的一颦一笑特别温暖而跟他在一起。为什么会有这样的区别？因为世俗价值并不总是等于价值。

世俗价值是按世俗的某几项评判标准得出的一个人在社会多数人心目中的"标准估值"，而价值指的是主观价值——一个人有多少价值，原则上只能由评判者自己决定。例如，一家公司可能亏损严重、经营不善，但只要它的业务跟某个巨头的现有业务相融合能创造出新的、极大的价值，那它对巨头来说就有极大价值，它的价值因巨头的存在而存在；若现在市场上没有这个巨头，或该公司没有与巨头的现有业务相融合的业务，这家公司也就没了价值。所以，价值的高低只对评判者本人有意义。

父母并不参与直接相处，所以他们往往看不到世俗价值以外的价值，这时候就需要本人去判定对方的每个维度给自己带来的收益值是多少了。

我们在开头提到的"另一半的价值低于你"，指的就是他提供给你的主观价值小于你提供给他的主观价值。这个主观价值是物质、安全感、情绪体验等主观价值的加总，只以主观为准，没有任何衡量标准。

有人可能会好奇，既然没有衡量标准，那要是无法达成一致，怎么办呢？例如，我觉得我提供的主观价值更大，他觉得他提供的主观价值更大。

如果无法达成一致，就会在很多事上为了"家庭主权"而频繁争吵，一直到出现一个"一致"或者"分开"的结果为止；而一旦达成一致，共识的结果往往会随之体现在双方的行为和态度上，例如大事小事谁做主、谁迁就谁更多等，这就是一种变相的对价值不对等的补偿。

现在，假设我们是共识中有较高价值的一方，有机会拿到更多的话语权，有机会收到对方的补偿，那我们该如何对待这些本可以属于我们的利益呢？

很多人会把能拿的权益都拿过来，大事小事都以自己的意愿为先，一言不合就以分手或离婚作为要挟，由于对方投鼠忌器，因此几乎次次都能得逞。我知道，很多适婚青年的父母都是这么教的，这些子女也是这么做的，但可惜的是，这类家庭鲜有婚后长期和睦的。

从经济学的角度看，我十分理解他们的行为，但人之所以"聪明"，在于懂得现实状况有各种变化的可能性，而不是特定条件下的沙盘推演。一个人的价值不会一成不变，现在你的价值或许更高，但很有可能过不了多久就因为一些事而变得比对方低了。所以，如果你未雨绸缪，就应该在利益分配上给对方留一些空间——原本以我们的价值对比，我可以对你执行一级严苛（假设一级是最高级）的利益分配，现在我只执行三级，让你多享受一些权益。例如，属于你的钱可以自己保管，大事上征询你的建议（决策人是我），小事上多把决策权给你等，这样万一因为什么事彼此发生了价值调换，我也会处于一个相对安全的位置。

当然这并不绝对，也有可能价值差距非但没有缩小，反而扩大了，那么主动权也还是掌握在你的手上，你可以选择继续给对方一点"福利"，也可以选择直接离开，但无论怎么选，之前在"利益空间"上的让渡都是对你自己有利的。这种利益让渡跟心善之类的感受并没有太多联系，只是你为自己的安全空间付出的成本而已。

另一半的价值高过你怎么办

前文说的是你是较高价值的一方的情况，若你是较低价值的一方呢？提供更多的情绪价值是一定的 —— 不要心理不平衡，找到较高价值的一方本就让你获得了额外利益 —— 除此之外，你还应该执行怎样的相处策略？无论男女，我们以最常见的"对方的赚钱能力强，你的赚钱能力弱"这种情况为例，你是否就安心在家扫地洗衣做家务，带孩子当司机做保姆了呢？

我们在上一章的结尾已然告诉大家如何用金钱公平地量化每个人的家庭贡献，如何为在公共事务上的贡献标上价格。看起来，价值更低的一方只能用承担更多公共琐事的方式来补足双方在价值上的差距？

这个解决方案有道理，但可能没那么完美。如果价值较低的一方不仅要提供更高的情绪价值（例如迁就对方），还得被迫把时间全花在没有成长性的事情上，两个人的价值差距就很难有缩小的可能性。

我们必须清楚，有些付出是有成长性、积累性的，有些付出是有机会连接到更大的舞台、接触到更大的世界的，而有些付出，就是单纯地出售简单劳动，即使花一辈子的时间做到顶级，也不能把每一分钟的劳动"卖"出更高价格。

如果你做的就是一些低成长、无积累、无法接触额外机会的事情，那么你会越来越趋向于只能做这个，我把做这些事情产生的贡献叫作**"保姆式贡献"**。

经常有自认优秀的男性喜欢传播"女性只有安心相夫教子，才能得到幸福"这样的观点，其实是希望把女性豢养起来，让其成为无法独立生存的依附型物种——不排除相夫教子型的女性跟经济能力强势的男性在一起会有短期内更和谐的状况，但双方的选择自由度根本不在一条水平线上。后者可以轻易退出这段关系，前者则不能，因为前者在不断地被削弱独立生存能力，这就很容易造成前者在任何事上都不得不被后者牵着鼻子走的状况。后者不必然会这么做，但前者只能碰运气，看看能不能碰上一个很多人口中的"例外"。

这里依然以经济能力为例。如果你的赚钱能力比对方稍弱，无论是男性还是女性，你当然可以为了家庭的整体利益而把精力的重心放在对家庭的照顾上。但这不是放弃掌握生活选择权的理由，你的手头始终得有一件"可成长"的事情做，这至少保留了缩小价值差距的可能性。

这件可成长的事情不必要为家庭带来最直接的收益。例如，很多人用在家写作的方式带来了比原先在职场工作更高的收入，这固然不错，但阅读、提升认知、学习理财和投资等，一样能让家庭财产增值。这种能让100万元变成200万元的技能，同样是稀缺的，同样是有巨大成长性的，由此而生的贡献就不是保姆式贡献。

尤其是当家庭财产增多的时候，你对家庭总财富的增值贡献或让家庭财富免于损失的贡献，会越来越大于看似经济能力更强的另一半在职场上的收入贡献。不信的话，你可以试着把自己家目前的家庭总财富乘以10，然后把变动某个百分比得出的钱的金额再跟另一半的收入对比一下，就大概明白了。

最后，我们再从经济能力的差距推导到普适的价值差距。低价值的一方在相处中除了要比对方付出更多以补足价值差距以外，还要注意付出的方式，其中一定要包含至少一处可以有机会缩小价值差距的努力，才可以在不影响价值平衡的前提下悄悄地靠近对方。

爱情里
谁该迁就谁

男性迁就女性是否天经地义

常听人说，爱情就是要互相迁就，婚姻更是如此，甚至有人将其形容为"磨脚"。

其实这是个比较笼统的说法，因为一旦涉及具体事情，到了需要"磨"的阶段，究竟是你让步还是对方让步？吵一架，谁凶听谁的，谁弱谁让步？很明显，这不是好的解决办法，所以仅仅呼吁"互相迁就"并没有解决关键问题。

社会上有一种流行的说法，大致是"在绝大部分情况下，男性都应该主动迁就女性"，且这么做的男性会被认为有绅士风度。反之，若女性主动迁就男性，通常会被认为"纵容或助长了男性的气焰"，而被其余女性归于没出息一类。

这种"共识"并不是一直以来都如此，就在十几二十年前，男性还大都喜欢在公开场合炫耀自己"不怕老婆"，而女性喜欢在公开场合表现出"贤良"的一面；如今的男性则越来越喜欢有意无意地表现出"怕老婆"的一面，这样的社会形象更好，而女性越来越爱在公开场合展现出对另一半的掌控能力，这样显得更有"本事"。

看起来，这种"变迁"像是对以往男尊女卑的一种反向修正，甚至有些矫枉过正了？其实并不是。

除了明显体力上的差距以外，如果社会在其他方面的共识也始终是"男性必须谦让"，那只能证明大家都认为女性在任何方面都是相对弱势的群体，这种看似对女性更友好的态度并不是什么绅士风度，而是对女性的一种蔑视——你很难想象在一次脑力竞争中，男性竞争者表示"由于你是女性，所以让你三分"是一种绅士风度的体现。对"弱者"的怜悯虽然看起来更有同情心，却未在真正意义上认为二者是平等的。

因此，哪怕现在有如此多的"女士优先"，我们依然没有进入真正意义上男女平等的时代。女性要平等需要的不是优待，而是继续增加跟经济有关的家庭贡献和社会贡献，用实力拿到更多的社会话语权。

为什么有人会迁就比自己价值低的人

所有呼吁"男性在任何地方都要迁就女性"的观点都欠

缺考虑。其实迁就跟性别没关系，我们都看到过男性迁就女性，也看到过女性迁就男性，它就是单纯意愿上的妥协，**妥协的原因在于，继续坚持对自己有利的做法或观点，可能导致更差的结果。**

如此看来，似乎应该是"谁价值更低，谁就更该迁就对方"？正如之前所言，低价值一方要提供更多的情绪价值来平衡双方的价值差距。这在某些时候适用，但还不足以描述普遍现象，因为就是有一些人会迁就比自己价值低的人。

为什么会这样？如果一定要有个普适性的规律来描述和归纳，我会用一个公式来表达：

$B < L \times P$

（B代表坚持己见后能收获的利益，L代表坚持己见后产生的损失，P代表坚持己见后产生损失的概率。）

当以上公式成立的时候，我们就妥协，反之就坚持。

有人可能会问，人脑哪能在一瞬间算得这么复杂呢？其实，人脑的模糊计算能力很强。所谓模糊计算，就是得不到很精确的结果，但大体知道结果的区间。例如，当对方看起来真的生气到你再坚持自己的做法，离婚的概率就会变得很大的时候（也就是P数值不断增大），你就更容易选择妥协；当对方真的很优秀，失去他后可能再也找不到比他更好的另一半的时候（也就是L数值很大），那么哪怕P数值不太大，你也更容易选择妥协。前一种的代表就是，谁凶、谁先豁出去"吓唬"对方，谁就占据优势；后一种的代表就是低价值的男性和女神的爱情，几乎处处都是妥协。

每个人的大脑都是模糊计算高手，这是从出生就自带的趋利避害系统，但就像做题会粗心一样，大脑有时也会出现计算偏差，甚至有可能被对方蒙蔽。

例如，有些人的价值原本也不算很大，也就是 L 数值在理性认定下不大，但由于人有习惯性，且人们往往会过高估计这种习惯被打破而带来的损失，于是 L 在他的非理性认定下变得特别大，再加上对方可能会使用一些"恐吓"手段，人为地让 P 的数值在他的主观判断中加大，于是也就更容易妥协了。

迁就需要怎样的共识

就上面的分析来看，似乎会要点手段在家庭博弈中更容易占上风？

我们在爱情里的确需要点"小心机"，书中的最后一章会有详述，但这种小心机必须是满足两个人的整体利益和任意一个人的个体利益的。如果只是你无我有，两个人在同一块蛋糕里试图把自己的那份切大，就迟早会出问题。例如，有些父母会教孩子一些抢夺婚姻控制权的小技巧，看似为子女好，其实这些所谓的驭妻驭夫之术都非家庭幸福的正道，而是在有限的饭碗里抢饭吃，增加了夫妻内耗，阻碍了创造更大的共同价值。

为了不增加整体内耗，恋爱也好，婚姻也罢，两个人对于在什么类型的事件上谁该做出迁就或妥协，应该有个比较健康的整体共识。

对外：谁能在具体的事件中为家庭带来更大的利益，或有更大概率带来更大的利益，就是谁做主。这不以谁的整体价值更高为评判标准。例如，一个人长得特别漂亮，整体价值可能更高，但这不代表其能为家里赚更多的钱。于是，关于"钱该投资在哪里"这样的问题，就不该以人的整体价值大小来衡量。

对内：在"家庭的共同资源该更多地满足谁的个人偏好"这样的问题上，比较和谐的做法是谁的整体价值更高，就偏向谁的意愿多一些。但这个偏向不能过度，正如我们说过要留下一定的安全空间一样，要在满足自己意愿的前提下尽量让对方去选择。假如你是整体价值更高的一方，看着A、B、C、D选项都喜欢，只是有轻微的程度差别，就不要追求自己的利益最大化，而要让对方选择。因为选A时你的收益是10，选B时是9，照理该听你的，选A时没问题，但对对方来说，选 B 时他的收益也是 9，选 A 时可能就只有 5。如果你次次都因为整体价值更高而做出不利于对方利益的选择，就可能会在另一些事上吃暗亏 —— 对方在你身上总是只能获得打了很大折扣的利益，久而久之，对这段关系的存续意愿就会减弱，在上面的公式中，也就是 L 的数值会变小，这很明显对你更为不利，比让渡那一小部分利益更不利。

以上就是比较好的、比较"讲道理"的一种整体共识，如果其中有一方不能达成类似共识，或根本没有这个意识，就很可能会在"争权夺利"中走向爱情的终结。跟创业一样，合伙人从看对眼开始，互相看上了对方的某些能力或者资源，最终往往以夺权结束。

当然，如果你已然碰上了不能达成此类共识的另一半，对方的认知程度较低，可能在任何地方都试图让你先妥协，永远想将自己的利益短期最大化，且你跟对方在一起之后才发现这件事，这时候就该果断放弃这段感情吗？放弃也不一定是最好的选择，因为对方也有可能拥有别的让你很难说服自己放弃的优势。

这个时候，我们就必须把一些自己认为不能迁就对方的事情画个清晰的圈子，并明确地让对方知道 —— 当你走进这个圈子，我会不惜一切代价维护自己的利益，哪怕有可能失去你。假如对方还想跟你在一起，那么无论他平时有多么霸道，到了这里都会让步。因为圈子并不大，与其硬碰硬，不如在别的地方多争取点权益。

但你不能因为对方执行这样的策略而把圈子的边界越扩越大，反而利用这一点为自己谋取最大的私利。双方都该有自觉性，如果一方已然没有，那么另一方得"特别有"才行，否则这样的游戏就玩不久。

为什么
沟通也要适度

沟通的标准是什么

我们常说"两个人之间要多一点沟通"，是的，任何事情要配合得好，沟通必不可少，但这句话有个前提，那就是当你说出这句话的时候，两个人当下的沟通频率一定较低，否则这个"要多一点沟通"的建议就不成立。

沟通是否越多越好？我们在生活中会有这样的感受，当两个人许久没有沟通，彼此间的误会和成见越来越多的时候，来一次彻夜长谈，两个人都会非常舒爽，感觉一下子感情增进了不少，所以很多人认为沟通当然是越多越好。但我们可能忽略了一个事实，那就是当你把这次长谈的时间平铺到之前未能有效沟通的整个时间段里，其实每份用于沟通的单位时间还是少。

不信的话，你可以在第二天、第三天等再来几次彻夜长谈，直到某一天，这种沟通可能就是一种精神折磨了。

沟通的目的是什么？是更好地进入对方的世界，更好地表达自己的世界，更好地进行日常协作，更好地消除误解达成共识，更好地执行利益分配。

沟通的标准是什么？是**以最有效的方式传递最精准的信息**。这里的"精准"不仅包含了信息的准确度，还包含了符合双方意愿的意思——如果一个人不想听 A 信息，你偏要传递 A 信息，这就不符合其意愿，属于不够精准；如果一个人只想听你用 1 分钟传递 A 信息，而你花了 10 分钟还没传递完，这就属于不够有效。

有效和精准，决定了沟通的效果，在这里，沟通的形式反而不太重要。很多人喜欢为了沟通而沟通，就像某些领导约下属谈心，没有一句说到点上，却误以为形式做到了，结果就会如愿，这就很容易陷入"我明明为此做了很多努力，为什么就是没有用"的苦恼。

沟通该到哪里为止

沟通的时间不是越长越好。

都说"小别胜新婚"，你或许也有过类似"异地恋"的经历，多日没见的两个人遇到，那真是有说不完的话，但没几天就说完了。如果有个"热度测量仪"，就会明显看到热度曲线的下降。若你们平时还十分频繁地使用电话等方式沟通，这条曲线便会更早地开启下降通道：

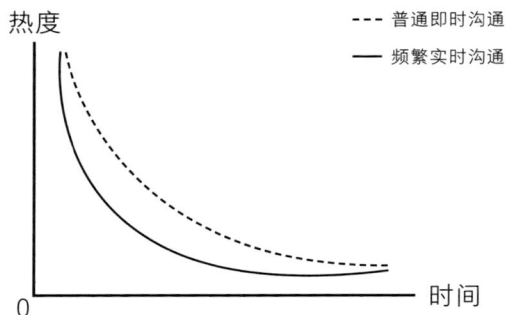

热度

- - - 普通即时沟通
—— 频繁实时沟通

时间

0

沟通的有效性受到两个人能够沟通的内容的极值影响。换句话说，就算两个人的沟通场景再能扩展，能沟通的内容也是有上限的，只不过根据双方原本的熟悉程度，以及各自的内容存量，导致这个上限有高有低而已，但沟通效用曲线的大致样子是不变的：

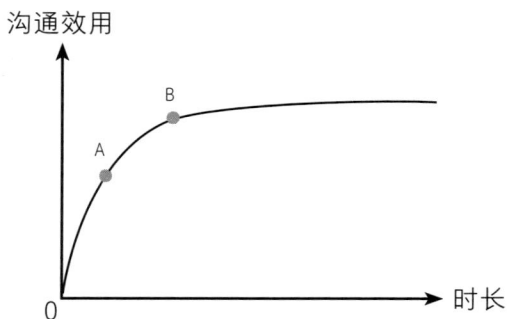

沟通效用

B

A

时长

0

让我们从原点开始沿着时长往前走。

一开始你表达的都是对方还算陌生的信息，随着时间的推移，沟通效用不断加速提升。当到达 A 点后，随着能够沟通的内容不断减少，开始出现第一个疲劳期（从 A 到 B），这个阶段通常沟通还算愉快，但双方得开始"找话题"了。

在从 A 到 B 的过程中，虽然沟通效率还有明显提升，但已从加速上升变成了减速上升。直到到达 B 点，无论再花多少时间，沟通效用都几乎不会再有明显提升。

聪明人在大部分时候喜欢在 A 点"收手"，有人可能会不解，明明从 A 到 B 的沟通效用还在提升啊？是的，但从 0 到 A 与从 A 到 B，人的期望是不一样的。从 0 到 A，对方在任意一个时间点结束沟通，都会让你有意犹未尽的感觉，恨不得马上发起下一轮沟通；而从 A 到 B 的过程，只适合需要沟通得特别清楚、利益纠葛特别大的事，如果次次都在这个过程中结束，其实对方就已经对 B 点以后的曲线有一个模糊的预期了。

我们在大部分的沟通过程中，都需要让对方产生一种"沟通越久越舒服"的预期。如果对方产生了一种"虽然现在舒服，但沟通再久一些可能会尴尬或没话说"的预期，那么即使还没到达 B 点，跟到达 B 点的差别已不大了。

至于有些在到达 B 点以后依然不依不饶，非得继续沟通的人，例如那种明明跟对方已经没话说了，还是不挂电话，觉得通话时间没有达到以往的均值就说明爱情变味了的人，就完全搞错了沟通的本质。

当沟通的效用不再增加的时候，人的厌烦指数就会有加速上涨的趋势，所以在 B 点以后，不仅是效用不涨这么简单，如果加上厌烦情绪的滋生，就一定是负效用的。

如何让沟通始终保持愉快

根据沟通效用曲线，将绝大部分沟通停留在 A 点是最愉快的，所以沟通过程中，克制是至关重要的一课。例如热恋期间，明明你想跟对方聊一整天，但实际相处的过程中，当你们的主要沟通内容结束时就即时停止，效果最好。

有人可能会觉得这样做太"不可思议"，人家教的都是在跟另一半相顾无言的时候如何找到话题，你却建议我在还有点内容聊的时候就结束聊天？

是的，因为热情是一种不可多得的资源，而且它会在"隐而不发"的过程中得到提升。

你有没有过这样的体验：你现在就想见到某人，但由于某些原因没能即时达成愿望，当第二天见到以后，你会变得更有热情。这就是隐而不发的过程中积蓄的能量。

克制，是为了保持渴望的状态，才可以在做别的事情时不时地调出这种渴望来积蓄能量，从而更有意愿主动去开启下一次的聊天窗口；耗尽则相反，每次都聊到无话可说，那么在下一次聊天窗口开启前的那段时间就处于聊天意愿弱的时期，无法积蓄"开启下一次聊天窗口"的意愿能量，于是只能在"下一次碰到""有事要聊"等自然情况下开启聊天窗口，且不会有额外热情。而这种额外热情，常常被人们理解为爱情的感觉，因为很甜蜜。

如果你正处于热恋期未过或还没有恋爱的状态，那么以上建议非常适合你，虽然你可能受到本能驱使，很难在实际交往中保持严格克制，但只要有这样的意识，就一定可以改善部分行为。

那么，如果你已然处于跟另一半没什么话聊的状态中，还有没有办法回到那种"热情"的状态？有，具体的执行方式要看你们目前的生活交集有多少。

如果你们处于一个平时不常见面、彼此对对方做的事也不怎么感兴趣的状态，最好一起创造一些共同的经历。这些共同的经历不必严格要求物理条件，例如远程共同玩一款彼此都喜欢的游戏也可以，马上就有了热情的话题；而如果你们处于一个一直见面的环境，上班在一起，下班也在一起，有共同的同事、共同的朋友，非常了解对方在一天中都遇到了哪些有趣的事，甚至该下班后沟通的当日趣事在上班时间就聊完了，那你们就得创造一些独立空间了，甚至刻意疏离，最好连刷手机都别在一起，这样做才可能有让对方感到新鲜的事出现。如果你有工作和交流之外的空余时间，也可以试着进入一个对方不了解或很想探索的领域，对方一样会对你表现出强烈的沟通兴趣，热情就回来了。

如何把握
相处远近的度

相敬如宾还是亲密合体

很多人都把握不好相处远近的度，沟通只是相处过程的其中一项。

中国古代形容好的两性关系有"相敬如宾""举案齐眉"，到了现代，大家普遍都觉得这样的关系有点过于疏离。宾是什么？是客，而家人的关系应该更进一步，于是很多人更赞同类似"亲密合体"的夫妻关系，不分你我。

那么，不分你我是不是真的会一直和谐呢？其实我们早就该发现一件事，那就是如果我们对待家人像对待陌生人一样敬畏，大部分矛盾都不会产生。这并不是呼吁人们远离家人，而是告诉我们应该对一种看似牢固的熟悉关系的脆弱性有所了解；了解了，就多了点对抗"释放自私"的成本。

小时候，我去过一个好朋友家里，他拿了一个冰激凌给我，我说了声谢谢，他却生气了。他生气的原因是"我们关系这么好，吃个冰激凌，你还跟我说谢谢，显然是不把我当好朋友"。

在他的潜意识里，好朋友、家人就该不分彼此，你的就是我的，我的就是你的。如果你拿自己的东西不会说谢谢，那么拿好朋友或家人的东西也不应该说谢谢；如果你说了，要么是没把我当好朋友，要么是你不认为好朋友之间应该亲密无间。

这种亲密合体的想法非常受欢迎，看起来也非常"大气"，但往往越是这样的人，就越容易跟很多人把关系搞僵，因为他们常常也会理所当然地拿别人的东西。如果别人并不秉持同样的观点，或拿的别人的东西价值更高，别人就可能不舒服。

夫妻关系或男女朋友关系也是一样。如果你觉得两个人就是一个人，总觉得对方为你做的事情就像自己为自己做这些事情一样理所当然，你就很可能会越来越远离这种"服务"。因为每当对方为你做什么的时候，都没获得心理收益，既然你的就是我的、我的就是你的，人就会渐渐倾向于多拿你的，而不是多给我的。

所以，相敬如宾不代表生疏，相敬如宾的"敬"，是由"欣赏、尊敬、敬畏"等元素按一定比例糅合而成的。当一段两性关系中少了"敬"，想做什么就做什么的自私心理便会得寸进尺，相处时的关系就会在互相没有感恩之心、互相不克制、互相"直言不讳"、互相指责中走向滑坡。就连很多人最关心的出轨问题，多半也是"敬畏"二字出了问题——人性中最大的部分是共性，之所以没选择出轨，有些人是没机会，有些人是自我克制，而克制大都是理性地考虑了成本以后的选择。

给关系掌控者的两个锦囊

曾经有位读者向我哭诉，说把握不好跟女朋友交往的距离——近之则不逊，远之则怨。究竟怎样才能保证自己的个人独立空间不受打扰，又能跟她保持比较良好的亲密关系呢？

这是个非常普遍的问题，但这种问题往往只存在于关系的掌控者那里。有些非掌控者以为自己也有这些苦恼，其实是一种无病呻吟的幻觉，因为如果只是被动接受或连自主做什么都"没的选"，只是被另一半和生活推着走，是谈不上把握和掌控的。

如果你就是一个掌控者，或者虽然还不是，但自认为有能力掌控并愿意为一段关系承担责任，我在这里给你两个锦囊，温馨提示：拆完第一个才能拆第二个。

锦囊一：选对素材。

关于选人逻辑，我们在第二章已经讲了很多。人就是素材，你当然可以利用自己高超的技术打好一副牌或做好一个菜，但起手就是好牌或交给你的就是顶级食材，对你的技术要求会更低一些。

如果你想把控好相处的距离感，比较重要的前提就是对方也认同这种把控在一定程度上是有利的，或虽然对方对此的认知还不是很清晰，但认为你的认知程度较高，所以愿意跟着你的相处节奏去尝试和学习。

这样的另一半就是好的素材，其他特质，例如好不好看、有没有钱、是不是有才华等，在这里的影响并不是很大。

如果你的另一半不是这样的好素材，那么很多时候无论你怎么做都会很棘手，因为不太好的素材往往在"延迟满足"和"独立空间"这两项上做得很差，跟这类人恋爱很大概率是浪费时间。这种"浪费时间"不一定是过程不够美好，而是爱情消融得很快。从结果上看，无论开头有多甜蜜，最后要么是很快就互相嫌弃，要么是爱情极速消失，然后将就着在一起。

锦囊二：树立交往原则。

若素材选对了，你还遇到了这种"远近都不得"的状况，那往往是你自己造成的，而不是你的伴侣。

有些人是这样，当自己想要独立空间的时候，无论做着什么，对方都不得打扰；而当自己想搭理对方的时候，最好对方总陪在身边。如果他们认为自己的这种做法是好的交往原则，那么就犯了一个逻辑错误，因为假如对方也遵循这样"好"的交往原则，两个人的需求就一定会错配，相处中不可能永远是你忙我忙、你闲我闲。

这种交往规则就完全是从自身利益出发而定的规则，绝不可能是好的交往规则。

一个人如果没有自己一以贯之且和对方标准统一的相处规则，跟他相处起来就会很累。例如，有些人说自己看书或工作时绝不能被打扰，但可能看了几行字或做了一丁点儿工作后就躲着玩游戏；还有些人在对方工作时，由于无聊常去"骚扰"对方，到了自己工作的时候却不希望对方这么做……这些都是缺乏明确的交往原则、交往界限不统一的表现。

当你诚实地定立一些对双方都有利而不是基于自己的个人利益的相处规则之后，相处过程中的矛盾就会减少。就这么简单，因为规则越清晰，大家就越没有无理取闹的余地。

有人可能会问，要如何避免不知不觉中规则偏向对主导者有利的情况？也很简单，你把相处规则用同样的标准套用到双方的身上，你如何对待对方，对方就如何对待你。如果不出现逻辑矛盾，对方也同意，那就没问题。

究竟是做自己，
还是不做自己

你是不是很羡慕"做自己"

每个人都希望自己在任何时候始终做自己，因为在大家的认知中，"做自己"就是处于自己最舒服的状态。

两个人在一起后需要为对方改变的东西越少，需要磨合的地方越少，就越感到舒适，越容易对两个人的相处模式感到满意。因此，如果每个人都能在和别人相处的时候保持"做自己"的状态，大概就很令人羡慕了。

可是"做自己"的定义真的是这样吗？我们先来看看反面——什么时候不是在做自己。

如果我明明不想给对方送消夜，但一想到对方可能会生气，我还是买了消夜送过去，这算不算做自己呢？在普通人的认知中，这肯定是不算的，可"决定送过去"是不是你的最终意愿？如果是，怎么能不叫"做自己"呢？

做自己不单单是"为所欲为"，一个人在权衡利弊之后

做出的决策，当然也是做自己。人不能在真正意义上为所欲为。如果按照普通人的定义，"做自己"指的是不受任何现实框架和实际状况束缚的话，那么你应该是看到钱就想要去抢银行，看谁不爽就去揍谁，而这是不可能的，因为你知道后果可能得不偿失。那么，这样就不算"做自己"了吗？

人的意愿在任何时候都是权衡以后的结果 —— **每个人每时每刻都在做自己，仅仅是有些人需要权衡的因素更多，而有些人自身足够强大，以至于能够更多地照顾到自己的心理收益而已。**

"万事以另一半为先"是否可行

如果说人每时每刻都在做自己，那么相应地，也就没有了"不做自己"的概念。很多时候我们在普通人眼里的所谓"没有在做自己"，其实是考虑了更远期的收益或安全感，从而选择了暂时把自己的短期意愿藏起来而已。

总是以自己的短期意愿为先，往往是以频繁放弃未来的安全感为代价的，因为看到你的表现，你的另一半也会越来越倾向于以满足自己的短期意愿为先，这显然是个恶性循环。那么反过来，总是以另一半的短期意愿为先呢？就像上面"送消夜"的例子，如果万事都以另一半的意愿为先，双方是否就能在未来拥有更多的安全感，使相处进入良性循环呢？

很多人都想找个"万事以对方为先"的另一半，但又不太好意思直接说。他们往往会解释由于他们自己也是一个万事以另一半为先的人，所以就会同等要求对方。

"万事以另一半为先"看似是一种好品质 —— 我们通常都会把这种"不为自己，专门为人"的精神称为"好品质"，可事实上并不总是如此。

在相处中，这种关系往往是短期且不牢靠的。因为哪怕双方都是真正毫无私心地以对方为先，只要有任意一个人在"为对方"的时候做得稍微达不到对方心中的期待标准，对方就会怀疑其是不是有了私心。只要这种怀疑出现一次，对方就可能在付出上稍稍收敛一分，接着两个人就一定会在不断地收敛付出中走向恶性循环，最终导致这种合作关系被打破。

当然有人可能并不计较对方的回馈 —— 我不要求对方怎么做，就是单纯地要求自己"万事以另一半为先"，行不行？

可以是可以，但同样不太健康。

所谓"万事以另一半为先"，基本可视作只要涉及与另一半有关的事，都可以无条件、无原则、无底线地退让和妥协。这样的做法在短期内可能会让另一半非常感动，但长期下来一定是得不到尊重的。因为如果你无论怎么做都不影响另一半的收益，另一半自然就会不自觉地居高临下和缺少敬畏，这是人的本性。如果你特别有智慧，或许可以延缓这个进程，但总趋势是不变的。

如果双方原本在价值上势均力敌，那么这种关系会一直持续到一方忍无可忍或有更好的选择时才结束。此时，另一方或许会幡然醒悟，但关系已几乎不可修补，因为就算和好，两个人的相处模式必然会有一定程度的扭曲——回到从前的相处模式，一方会认为另一方的刻意挽回并非真心；回到平等模式，另一方会猜忌对方试图退出关系是不是一种手段或策略。

这就很难有最优解了。

第五章

— 警惕 —

解密人性大坑

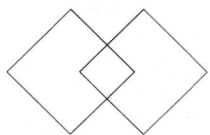

突围方向 ▷

爱情里的"坑"数不胜数，很多人都知道这些坑，却跳不出去。为什么？因为他们并不了解这些坑的背后是怎样的人性在起作用，于是踩了一次还有下一次，踩了下一次还有下下次。

本章的"坑"是人们在爱情里最容易踩、最影响幸福感的，我将带着大家跳进坑里，同时点起火把，让大家看清这些坑的内部结构，以便不小心踩了也能凭借自己的力量迅速爬出来，避免造成不可逆的损失。

认知清单 ▷

1.我们的大脑倾向于记住一些对比强烈的事，已被预期冲抵的事做得再多，在回忆里占的比重也不会太大。

2.当我们已拥有某些资源达到一定时间，且判断其有更大的概率会继续属于我们时，大脑就会倾向于将"拥有"视为理所当然，让"拥有"带来的幸福感递减，同时夸大还未获得的东西的心理效用，引导我们把更多的精力用于"贪婪"。

3.在爱情里，智商为零不是笨，是在旁人看起来不够理性。

4.女性和男性的思维模式都不是天生如此。

5.对于大部分人而言，"吃回头草"并不如想象中那么美好。

6.吵架一定不能升温感情，所有关于升温的感受都是选错了比较对象。

7.让别人优先感到舒服的好处就在于增加了自己在未来获得"好运"的概率。

8.从得到一段短期关系的角度看，PUA的成功率确实不低；但如果你追求的是一段长期关系，它并不管用。

为什么我们总喜欢
对我们不是太好的人

有时候我们会发现自己有点"犯贱"，总是对那些"对我们不是太好"的人念念不忘，为什么会这样？

"对我们不是太好"分为两种，一种确实对我们不好，另一种谈不上好或者不好，就是不怎么搭理我们。接下来，我们就一种一种来说。

为什么我们会喜欢对我们不好的人

我们的大脑实在是很奇怪，某些明明对我们不好甚至伤害过我们的人，大脑却常常将其放在记忆最深刻的位置上。

我们跟这类人之间可能有过一段快乐时光，或长或短，但最终还是被理性判定为不适合。只是我们的大脑常常没有这种决断能力，有时候尽管我们已经下定决心离开对方，或已然离开对方，决心不再想起，但当他们"改邪归正"，开始对我们好、停止对我们不好，或为"曾经对我们不好"感到后悔的时候，我们还是会非常欣喜，无论我们是否决定再跟他们在一起。

这种现象看起来奇怪，其实是有内在逻辑的。

首先，对于伤害过我们的人，我们对他们的期待值通常较低，对比之下，他们的"闪光点"就特别亮眼，这有点像"斯德哥尔摩综合征"——绑架我们的劫匪给我们吃个面包，我们就可能对其感激涕零，将这份"善意"无限放大。因为我们本来就已认定其常规行为是做坏事，现在他在"本可以什么都不给我们吃"的前提下，竟然给我们吃了面包，这就是出乎意料的"好"，此时我们甚至不会想到这个前提正是他带来的。

做了一辈子好事的好人做一件坏事，就会被人唾弃；无恶不作的坏人突然救了人，就好像人性得到了升华。我们的大脑是一个只会对比的大脑，好人总是做好事，我们对他的预期就已经提到较高的水平线。当他继续做好事时，我们的理性告诉我们，"这件事依然跟以前一样好"，但我们的"对比大脑"提醒我们，"感受不如以往强烈"，于是记忆自然就不如以往那么深刻了；而当好人做了一次坏事时，由于他的行为大大低于我们对他的预期水平，就会让我们产生非常极端的反面情绪。

我们的大脑倾向于记住一些对比强烈的事，已被预期冲抵的事做得再多，在回忆里占的比重也不会太大——哪怕你已经为你的丈夫做了无数的事，他记得最深的依然是你刚成为他女朋友时给他送过一次早餐，因为那个时候他对你的突然付出没有心理预期。

由此可见，我们常常能在对我们不好的人身上找出几件特别美好的事也就不奇怪了——对于普通对象来说，每天对我们都差不多好，于是"特别好"的标准预期就被提得过高，而对于"对我们不好的人"来说，由于我们已经自行把"好"的标准预期降低了，于是对方做的某几件"普通好"的事情就会在我们的印象中变得"特别好"。

其次，如果我们是由于对方对我们不好而离开，通常情况下，我们在这段关系中没有受到平等对待，这意味着我们有损失。

炒过股的读者应该在股市中体验过因为损失而"割肉"的感觉。大多数股民很难接受亏损的事实，于是总想翻本，或至少等不亏之后再自由选择是否该售出。

所以，当我们有损失的时候，我们就会更加想引导或期待对方能变得对我们好一些——其实就是希望"翻本"。当我们看到对方展露了一些似乎可以让我们有机会翻本的趋势时，我们立刻就会在非理性的驱动下扩大对方的"好"，而这其实只是人为地给自己增加一点翻本的希望而已。事实上，当我们真正"翻本"的时候，未必就这么在意了。

为什么会喜欢不怎么搭理我们的人

以上说的是在综合评价中对我们不好的人，他们跟我们多多少少有一些深刻的经历交集。那么对于不怎么搭理我们的人呢？为什么我们的记忆中常常存有这类人的位置？

这里的"不怎么搭理"有前提：

1.这个人必须在我们心目中是优秀的，如若不然，我们很可能巴不得对方不搭理；

2.这个人至少跟我们有一些浅交集，只是没有任何主动意愿与我们发展成亲密关系。若连浅交集都没有（例如路人），由于记忆点不够多，这个人很快就会在我们的记忆中淡化或消失；

3.这个人必须是一个"爱情冷漠者"，也就是谁都不搭理。如果仅仅是不搭理我们，对别人热情，那我们就可能在自尊心的作用下选择同样地报以"不搭理"，他在我们记忆中的分量就会减弱。

一个"优秀的爱情冷漠者"对人有一种特殊的吸引力，尤其是在我们跟对方有过一点交集的情况下，这种交集会让我们保有一些"关系更近一步"的盼头。

在学生时代，很多人都会对那些酷酷的男神或冰山校花记忆深刻，这是因为人们都想追求一种"人人都喜欢的优秀者只对我好"的特殊感觉，这种感觉能让他们在与其他人的间接比较中占据上风。"爱情冷漠者"在这里就是一件工具，起到了参照系的作用。

同理，很多人对生性风流的前任难以忘怀也是类似原因，"虽然他坏，但他有魅力，有很多人抢"，所以把他抢到手的我就比其他竞争者都要优秀。

人只能从比较中感知到所有关于"程度"的东西，明白这一点后，我们就能很好地理解以上行为了。

为何大脑会有如此设定

我们会发现，无论是曾经对我们不好的人，还是优秀但不怎么搭理我们的人，我们之所以会对他们念念不忘，多少都有一些"求而不得"的情绪在里面。

为什么人会对求而不得的东西特别关注？因为人生性贪婪。为什么人生性贪婪？因为人类的所有行为都会指向一个终极目的——提高自己的生存概率。**理论上来说，一个人拥有的资源越多，就越能应对各种不确定性风险，生存概率就越大，所以人就贪婪。**

可贪婪并不代表无穷无尽地向外索求，因为我们不仅要获得更多资源，还得保住现有资源。如果得到的还不如失去的多，那就会得不偿失，人就会表现为一种"不贪婪"的贪婪。所以当我们获得了新资源时，大脑会给出一个"欣喜"的信号，而当我们失去了还想要的旧资源时，大脑会给出一个"痛苦"的信号。这些信号会通过生理反应表现出来，以此控制我们的行为。

那么，什么时候我们可以把精力更多地用于"贪婪"而不是"守旧"呢？当我们已经拥有某些资源达到一定时间，且判断其有更大的概率会继续属于我们时，大脑就会倾向于将这种"拥有"状态视为理所当然，让"拥有它们"带来的幸福感递减，同时夸大还未获得的东西的心理效用，引导我们把更多的精力用于"贪婪"。

我们常说"吃着碗里的，看着锅里的"，其实是在"到了碗里的东西不太可能再被人抢走"的前提下，才去专注"锅里的"。这种机制当然更有利于生存，但也是每个人天生就"喜新厌旧"的由来。

所以，为什么我会建议一个人在婚姻中尽量保有"随时能跳出婚姻"的选择能力，且让对方明白这一点？这不是为了削弱对方的婚姻安全感，而是让对方把更多的精力从"贪婪"中拉回来——只有当"碗里的肉"牢靠度不够时，分配给"锅里的"注意力才会更少。

贪婪是一种天性，但这是一种粗糙的天性，所谓"粗糙"就是大体上方向没错。但我们需要明白，当下我们处于现代社会而非远古，在现代社会里，每个人都进化得越来越理性，决策的正确性越来越高，因此"大体上"就不太够用了。

所以，我会建议把我们开头提出的这种"念念不忘"设为大脑中的一个警戒关键词。当我们对某人开始念念不忘时就会触发警报器，一触发警报器就要先放下这种情感，审视一下这种"念念不忘"是否夸大了对方的好而忽视了对方的不好，是否跟自己对"求而不得"的贪婪有关，如此便能把自己从情感的非理性中拉回来。

为什么爱情里
智商会下滑为零

智商真的会下滑吗

有人说："恋爱中的女人智商为零。"这话正不正确呢？

很多人在判断一句陈述是不是有道理时，会先将其代入身边的情境中，如果第一时间想起的某个朋友做的某件事刚好符合这个陈述，便会认为陈述有道理。

这种判断方式显然是以偏概全的。其实只要稍一思考，就会发现反例很多，例如女性感觉到自己的另一半有"异象"的时候，智力瞬间就能与福尔摩斯相当，所以这种归纳是有问题的。

一个人的智力测试结果可能由于测量工具不同而呈现不同的分数，但几乎不可能随着"是否处于恋爱中"这样的标签而出现大的偏差。所谓的智商为零，其实指的不是传统意义上的"笨"，而是在旁人看起来不够理性。

举例说明：原本某人在理性情况下做 A 事最符合自己的

利益，现在整个决策系统中加入了另一半的意志，另一半的意志引导他去做 B 事。他明知道在撤除另一半意志的前提下，做 B 事不如做 A 收获的利益大，却还是选择了做 B 事，或者干脆不判断做哪个更好，完全以满足对方的意愿或考虑对方的利益为优先。这个时候，作为旁观者的我们通常会说这人在爱情里智商变为了零。

可是基于人的自利第一性，事实上并没有人会在真正意义上主动选择"吃亏"。如果你发现一个一直理性的人在某件事上突然显得不理性，或原本智商正常的人突然在明明能把握的领域做了匪夷所思的决策，那他们通常只是出于利益取舍。

你不理解为什么会这么取舍，是因为你们彼此所处的位置不同，所以同一件事在你们的脑子里的成像不同，就有了这样的不理解 —— 你认为我舍弃 B 利益是"不智"之举，其实只是无法体验在我的视角中，那个影响我决策的人能给我带来多少其他收益而已。

因此，在爱情中智商降为零，并不意味着当事人真的一沾到爱情就变得特别笨，而是当事人更愿意为了期待对方的某些回报或害怕失去手里的某些东西，自愿牺牲某些利益而已。

为什么男人更理性、女人更感性

既然"爱情里智商降为零"是一种自愿选择或利益取舍，那就应该跟男女都有关系，可为什么俗话都说女人在爱情里智商为零，而把男人排斥在这个说法之外呢？难道男性在爱情中不需要为讨好异性而做出利益取舍吗？

这不绝对，"重色轻友""重异性轻利益"这种事，男性也做得不少。如果一定要比较整体上哪个群体更容易这么做，暂时来看，或许的确是女性领先于男性。

这不是说女性的家庭地位更低、更容易做出妥协，而是由两个群体各自的思维模式决定的——男性整体上偏理性，女性整体上偏感性。于是，男性为了爱情相关的感性体验而付出巨大现实利益的可能性就比女性要小一些。

那么问题来了，男性的理性和女性的感性是天生的吗？

很多人都以为这种思维模式是天生的，包括一些情感专家也会说出类似"男人来自火星，女人来自金星"的言论，很遗憾，这些都是无稽之谈。

我小的时候，并不知道男孩子应该干些什么、女孩子应该干些什么，也不知道扮演什么样的社会形象更容易被人接受。我跟女孩子一样，挨打挨骂了都会哭，但我的这一行为并不是孤立的，它会收到来自外界的反馈。所有人都教导我说，"你是个男孩子，不能像女孩子一样那么爱哭"。虽然我不知道为什么，但经历多次以后就渐渐忍住不哭了，因为社会告诉我，表现出什么样子是受欢迎的，表现出什么样子是不受欢迎的，于是我为了更好地生存，就会慢慢调整自己的行为。

所以，女性和男性有什么样的思维模式，都不是天生如此。

在社会的共识中，男性就该偏向坚强、抗压，用能力去竞争资源、保护家庭，于是男性就会为了这些社会认同，普遍在事业上表现出比女性更强的竞争心。随着男性决策关键事件、承受关键压力的次数变多，无论最终是成功还是失败，这个群体都会在更多次的对抗和竞争中变得更为理性，因为他们的决策总跟现实利益甚至生存息息相关。

这就是社会的整体共识对两个群体的思维演变的推动过程，而演变的结果，直接导致了女性更容易在爱情中为了贪图感性利益（可能是安全感，也可能是被保护的感受等）而放弃物质等现实利益。

为什么初恋
常常会分手

为什么多数人做不到"一恋定终身"

初恋是绝大多数人一生中都会经历的，无论最后是否修成正果。按比例来看，多数人在一生中都会经历不止一段恋情，既然如此，就说明第一段恋情往往是失败的。

为什么大多数人都做不到"一恋定终身"呢？通常有以下几个理由：

1.不知道自己要什么

第一次恋爱往往不知道自己真正喜欢的是哪一种人，因为没有"尝试"过跟任何一种人相处，于是很容易被对方一些自己欣赏的细节吸引，从而产生想与其恋爱的感觉。例如你觉得对方唱歌好听，或者打球帅气，就以为每天能听他唱歌或看他打球是一件很幸福的事。

在这种盲目想法的驱使下，选到的刚好是跟自己各方面都比较适合的人的概率就较低。

2.社交圈太窄

第一次恋爱时往往比较年轻，社交圈子还比较窄，可选择的对象不多，于是容易跟价值不匹配的人在一起。虽然人的价值不能单纯用数字表示，但为了更容易懂，我还是拿数字举例：

有3位男性，价值分别为2、5、8；有3位女性，价值分别为1、7、13。

最后最有可能的是2和1在一起，5和7在一起，8和13在一起。

我们会发现，虽然人们大体上也遵循了等值的原则进行交往，但参与的人数越少，价值不匹配的概率就越大，他们的差值分别是1、2、5。而当参与者的价值有从1到100，共100个档位，甚至是从0.01到99.99，有将近10000个档位时，我们就更容易找到跟自己价值近乎完全一致的另一半。

价值不平衡的情况越严重，当接触到的花花世界越大时，分手的概率就越高。

3.价值评判体系不合适

很多人的初恋发生在学生时代。我们都知道，在学生时代，当评价一个男生或者女生是否值得交往的时候，我们的评价标准和踏入社会以后的标准有很大不同。

于是，学生时代看似郎才女貌的人（例如男生体育运动突出，女生长相甜美），到了社会上以后不一定还是郎才女貌，因为评价男性和女性的价值标准都发生了变化。

所以如果初恋是在学生时代，成功的概率就更低。

4. 不知道该怎么相处

第一次恋爱往往会在相处行为上表现得比较幼稚，这情有可原。就算理论上头头是道的"恋爱大师"，头一次实操的时候也会不知不觉地跟着欲望走，而不是时时刻刻想着怎样的相处模式可以让彼此走得更远。

而当经历的对象越来越多时，只要你有一些总结的意愿和能力，就总能从不同的人那里得到一些"什么能做，什么不能做"的经验。这些东西你只能从实操中不断获取，因为就算你在推理中明白了这些道理，在实操中也会受到原始本能、激素水平等因素的影响，导致思维和行为不协调。

只有教训足够深刻，才能反向塑造后天本能，转向更为正确的相处模式。

5. 高估自己的忍耐力

初恋通常只要来电，很快就能进入恋爱状态。为什么？因为没恋爱过的人对于恋爱这件事，往往渴望程度更高，所以他们通常奉行"只要有爱，其他都不是问题"的原则，其实这是潜意识为了让自己尽快处于恋爱状态 —— 毕竟要加上一些考虑条件的话，可能性就又小了。

这么做不是不可以，但事先筛选得越粗糙，后期发现某些不可调和的矛盾点的概率就越大。

而且，就算你决定跟对方恋爱前先理性地考虑到某些未来几年后或许无法回避的问题，在荷尔蒙的驱使下，你也会高估自己能容忍或搞定这些问题的意愿和能力。

为什么初恋常常回想起来很美好

虽然初恋基本上以失败告终，但初恋在我们的印象中往往比较美好。一个原因是我们在初恋时通常年纪较小，容易单纯地付出所有，没什么利益考量，所以触动心灵的感受场景比较多；另一个原因是大脑有自我防御机制，我们会倾向于记住美好的事情，尽量忘掉不太好的画面，类似于"PS"。这不仅是初恋独有的，所有过往的恋爱经历都会呈现这样的特点，只不过初恋的时间最久远，所以记忆被PS得越多。

很多人会比较防备另一半跟初恋进行接触，因为假如对方初恋的质素不太差，当下的自己又让对方不太满意，那对方又跟初恋再度联系上了的话，就是个危险的信号。

关于初恋的记忆由于经过了PS，我们会逐渐忘记自己当初跟那个人是如何在相处中由于三观不合而剑拔弩张的，只留下了少数美好的画面；而当下由于习惯效应，我们会淡化跟另一半的习惯性美好场景，如果平时还有一些不满情绪，那就更为糟糕。此消彼长，初恋就很容易在主观对比中占据上风。

鉴于此，我们必须明白，无论初恋事实上是否整体美好，我们对初恋的记忆都有着非常多的修饰部分。对于大部分人而言，"吃回头草"并不如想象中的那么美好。如果一个人没有记忆PS还原技术，甚至意识不到这种记忆PS的话，就有很大概率会做出错误的决策。

婚前是否该多点恋爱经验

很多父母有一种奇怪的做法，就是上学期间阻止孩子恋爱，而当孩子一走出校园，又马上让孩子赶紧带个男（女）朋友回家，若是没能完成"任务"，就可能会频繁安排相亲。

其实找个人共度一生并不这么简单，父母常常是为了满足自己"完成人生阶段任务"的需求，让自己在同龄人社交中不至于脱节，从而选择让孩子成为自己达到目的的"工具"。

可孩子都没经历过恋爱，直接就开始匹配，甚至配上就开始催婚，这样的婚姻满意度大概率是很低的，理由就是我们刚刚提到的"大部分人做不到一恋定终身"——当然有幸福的人，但那基本是运气，概率很低。

恋爱是一个审视他人和审视自己的过程，审视他人主要是发现他人的优点和缺点，审视自己主要是通过跟他人的互动来发掘自己内心真正的需求。

对于一个三观正常、有一些正确的底层逻辑基础的人来说，每一次恋爱都是一次修行，无论是成功还是失败，都能使自己的想法、行为往正确的方向修正。所以，修习底层智慧和逻辑能力是第一位，然后再在实践中多用世界给的结果反馈来修补自己的理念，就肯定能让自己的爱情观更靠近"真理"。

那么，很多父母又为什么要反对孩子在正常对异性产生好感的时期积累恋爱经验呢？

主要是这个时期大都集中在大学校园。对于大部分父母而言，孩子在校园时期没有比学习更为重要的事情，他们之所以反对，除了担心孩子保护不好自己以外，更重要的是怕影响学业。

当然，学业很重要，但恋爱并不会必然影响学业，就像父母大都认同恋爱不一定会影响工作一样。如果一方在学习上是极度自律的、有远大理想的，那么甚至可以带动双方共同进步，这样的例子也不少见。因此，在学习成绩未被影响的前提之下，如何引导正确的恋爱方式，或许是父母更应该操心的问题。

婚前多用正确的方式积累恋爱经验，是一件利远大于弊的事情，因为"婚姻的幸福感不足"可能是一个已婚人士最大的烦恼之一。它或许不会让人在一瞬间痛苦到极致，但就像钝刀割肉，能让人每日身心俱疲，把大好的人生都浪费在无意义的消耗之中——而这种痛苦却是隐性的，仅有当事人自己知晓，常常被周围的亲人所忽视。

为什么有时
吵架似乎能增进感情

吵架真的能让感情升温吗

"床头打架床尾和"是我们常形容夫妻吵架的一种状态。那么，是不是只有夫妻才会吵吵和和呢？不是的，孩子跟父母之间也常常会这样，或者有些朋友之间也是一样。

为什么轮到朋友了就要加个"有些"？因为另一些朋友吵一下就不是朋友了，而夫妻、亲子往往不存在这样的问题，这不是由于他们的情感关系比朋友紧密得多，而是他们的其他连接更多，分割时"打断骨头连着筋"的情况更容易出现。例如夫妻，分开就要分家产，如果有孩子，还要考虑给孩子造成单亲局面的影响；例如亲子，分开可能导致一方很难独立生存，还要考虑周围人的舆论。

可见，吵架之后之所以能和好，往往是基于现实的妥协，但妥协不代表吵架本身对感情没有伤害——每一次吵架时说过的话、做过的事、给过的"威胁"，都会留下痕迹。**这些痕迹不仅会提升对方对你毫无顾忌、毫无防备地付出的警戒心，还会留下一份份待翻的旧账，更会缩短下一次吵架窗口开启的时间。**

看起来吵架是有百害而无一利的，但我们有时确实会在感受上觉得吵完和解以后，似乎感情变得比原来更好了，这又是为什么呢？

我来打个简单的比方。当我们将双手浸在一桶冰水里的时候，我们会感觉到刺骨的寒冷，但一段时间后，我们将手拿出来放入一桶常温水里，便会感觉到温热。可如果没有第一个步骤，常温水并不能让我们感到温热。

吵架也是一样，两个人在一次大吵过后，对彼此的期待降到了冰点，脑中思考了很多关于"对方是否会来主动道歉""僵持下去会不会离婚"之类的问题，这个时候如果突然因为某个原因和好了的话，除了感受到"以冰点为参照物"的感情升温以外，还夹杂着避免了更差后果的庆幸——这种感受到的"感情变好"有点像超市先提价再打折，是参照物的选择问题。

从长期看，吵架造成的后果往往是累计的，你可以试着回想一下，第一次吵架后，多久、什么程度的道歉可以导致和好，第二次、第三次……第十次呢？每一次的吵架不仅会使感情整体下降几个百分点，还会导致双方在道歉博弈中坚持不主动求和的时间越来越长。

因此，吵架是一定不能让感情升温的，所有关于升温的感受都是选择了错误的对比对象。

什么才是"正确"的吵架方式

吵架没什么好处，但我们不是圣人，在和另一半如此频繁的交互中，99%的人总会遇到吵架的时刻。那么当我们和另一半真的开始了争吵，如何才能让吵架这件事的副作用降到最低呢？

1.意识到自己在做什么

不用怀疑，很多人是意识不到自己正做着一件有积累性的负面事情的，一旦对方的主张跟自己的当前利益相左，就要"据理力争"——很低智慧的行为。

我们需要在大脑中为吵架这件事建立一个预警系统，一旦自己对着别人有愤怒且大声的表现，就会触发警报，让我们意识到自己可能正在做一件从长远来看并不划算的事情。如此一来，不管我们是不是继续争论，都会变得理性很多。

2.勿扩展核心诉求

一次稍显"良性"的吵架其实是比较靠近"谈判"的。双方把自己的核心诉求摊在桌上，客观分析其合理性，如果都有一定道理，那就各让一步达成一致。

注意，这种谈判必须基于一定的游戏规则，例如大家都使用逻辑，别一个讲情一个讲理，那就永远没有对错可言——认可相同的游戏规则也是筛选三观的一部分。

在整个谈判过程中，两个人尤其要注意的是，不要进行核心诉求的扩展。有人习惯于吵着吵着把战场挪十个八个窝，从良性谈判变成了"为了吵架而吵架"，变成了人身攻击，变成了要在气势或家庭地位上压过对方，目的不是解决问题，而是让对方"习惯于在任何有利益冲突的时候首先妥协"，这就不是正确的吵架方式，一定会自食其果。

3.设置一个和好规则并严格执行

正如前文所言，吵架到最后，往往都不是为了事情本身吵架，而是赌一口气——究竟是我先哄你还是你先哄我。如果我先哄你，那么以后是不是都得这样？一次的损失有限，一想到可能会形成习惯就觉得损失很大。

这就是为什么两个人在一起之后，一旦发生了第一次矛盾，恢复和好所需的时间往往会越来越长。这种状况是非常不利于关系紧密性维护的，因为在"静默期"，双方还在正常工作和生活，于是就会逐渐在心理上生出"看，我现在没你也不是不行"的想法。

我们需要给吵架设置一些和好规则，有些人是"任何争吵都不过夜，第二天必须当没事发生"，有些人是规定了"什么情况下谁该先道歉，以及当一方道歉时，另一方必须先接受道歉再聊其他"……虽然不一而足，但核心只有一个，就是有一个严格执行的"必须和好"的规则。

那如果一方不遵守，会怎么办？那就等同于这一方不想维持双方关系了，规则也就没了存续的根基。只要根基在，规则就能起作用，双方都尊重规则，所有的争吵就不会滑向更严重的后果。

4.永远不要把"威胁"的话挂在嘴边

一旦争吵开始，我们就可能为了"赢"而失去部分理智，从而说出一些平时可能只闪过念头的话。

有人说，吵架时说的话能当真吗？当然能，因为如果平时没有闪过一丝念头，吵架时很难这么快就蹦出来。而这种口无遮拦的副作用就是，不管你赢没赢当前的"架"，都可能在事实上输了，因为对方听到后，愿意在你身上无条件付出的意愿又会少几分，尤其很多人还把分手、离婚这种"威胁"挂在嘴边，其实就是在不断地提醒对方，我们目前正处于一段随时会破裂的短期合作关系中——长期和短期，使用何种博弈策略可大不相同。

两个人相处，最好的状态当然是每个人都以双方的总利益为优先——虽然我也以自己的利益为优先，但如果减少我的1分利益能增加你的5分利益，那我就愿意妥协——如果大家都这么做，婚姻状态就会非常健康。

那什么时候这种状态会被打破呢？就是某一方在某件事情上突然发现对方不这么想，或认为这种博弈合作的状态可能在短时期内结束，他就不一定愿意继续以这种形式玩这个游戏了。

所以，任何人在任何场合都应该尽量不给对方植入"我可能会离开你""我可能会背叛你""我可能会对你有保留"的思想，哪怕只是说说，或你认为对方知道你只是说说。

人的大脑警觉性往往靠关键词触发，无论对方在事实上将这个关键词当成什么信号，他的原始警惕感都会随着关键词的出现被唤醒。为了预防吃亏或可能在这段感情中被伤害，对方一定会在利益权衡中越来越偏向自己而不是你这边。

由此可见，吵架的时候就算再生气，再想威胁对方以取得家庭话语权，说话的时候也要对关键词的选择谨慎再谨慎。这不是为对方着想，是为你自己。

赢得吵架、输掉未来的人往往显得比较强势，他们在路人看起来像是永远不会吃亏的那一方，但别学他们，因为他们吃的是暗亏。

为什么
秀恩爱总是"死"得快

你的朋友真的喜欢看你秀恩爱吗

我们常说"秀恩爱'死'得快"，这句话究竟是对一个现象的经验总结，还是源于局外人的一种期盼？

秀恩爱这件事对于局内人和局外人来说，感受是截然相反的，它的本质和攀比、炫富并没有什么区别，都是**用自己的状态对比他人的状态来获得"幸福感"**。

既然如此，在自行完成了对比之后，自己在心理上获得幸福感不就够了？有些人够了，有些人还不够。不够的人需要公开发表自己的幸福，并且收到他人的反馈才行，无论对方是祝福还是羡慕嫉妒恨，都能让他们得到更大的满足感——嫉妒或者恨并不会让他们感到不舒适，没人理才会。

秀恩爱既然是"秀"，说明在当事人的自我意识里，这件被秀的事至少在他想秀的人群面前是"值得一提"的，否则他就不会秀出来。既然如此，大部分被秀到的人就都会

"自惭形秽"，在对比之下获得不幸福感，这就是秀恩爱的副作用。

当然，或许你内心强大，可以完全不在意对方的不幸福感，甚至以对方的不幸福感为乐——但他们大都跟你有一定程度的交集，于是他们就可能会同样在其他地方给你造成不幸福感，可能是同样以"秀"的形式，那也还好，你们最多是扯平，但他们若以一些削减你的其他现实利益的形式影响你的幸福，譬如暗中给你在事业上或者某些机会上使绊，那你肯定是得不偿失的。

所以，我们总说一个人情商高，高在哪里？不是八面玲珑、能说会道或者懂得用语言艺术回击得他人还不了嘴，而是在绝大多数时候，都能够克制住自己的欲望，让别人优先感到舒服。**让别人优先感到舒服的好处就在于增加了自己在未来获得"好运"的概率，反之，则增加了未来倒霉的概率。**

"秀恩爱"这样的行为常常会增加你令人讨厌的程度，而讨厌你的人哪怕并没有机会报复你，也会暗地里希望能够摧毁这个让他感到不舒适的场景，即他更希望你们不再恩爱，一有能给你们制造点裂痕的机会，他就更倾向于这么做。例如，他会在有机会的时候下意识地做一些让你们不和谐或可能发生矛盾的事情。这样的人有一两个还好，如果多了，你们的恋情"死得快"就成了一件大概率的事。

秀恩爱真的能提升幸福感吗

对于秀恩爱者的"诅咒"不仅会来源于他人，还会来源于自己。

人的心理很奇妙，**当你认为自己真正"完成"了一件事情之后，这件事带来的正面和负面效应就都会减弱。**

以负面效应来说，一个人最难受的时候，往往就是事情还没完结，主观认为负面效应还将持续的时候；而当事情告一段落，明知结局不可能更坏了，那么无论之前蒙受了多少损失，内心基本也就踏实下来了。

正面效应也一样。当你认为已经把自己的"幸福"秀给了所有你要秀的人，虽然在过去你的确收获到了幸福感，但这种幸福感一旦在最大限度上"变现"，这件事就已到此为止，你对未来的预期是"不会比现在更好了"。如果你在此过程中花费了金钱或精力，那么就等于你用这些作为成本，换取了一次性的精神愉悦——接下来，这件事在你跟伴侣的相处过程中就不会再有太多持续性的正面影响了。

这种"交换"基于自愿，本没什么问题，只是如果你每一次都想用尽量少的付出把能获得的幸福感"榨干"，这就容易造成获得幸福感的阈值越来越高——今天我秀给了1000人看，100人有回应，明天接着秀，50人有回应，后天成了20人……**始终以外人的表现来衡量自己的幸福感，你就会在外人对你的行为疲劳甚至免疫之后，变得比原来更不幸福。**

人类的幸福感都来源于比较，为什么触底的时候明明是损失最大的时刻，却没有最大的不幸福感？因为当参照物成了"底"之后，后面无论再发生什么事都不会觉得不幸福了。秀恩爱过度，往往就会让你丧失通过"秀"获得的幸福感。

如何看待另一半秀恩爱的行为

秀恩爱有两种，一种是自愿，一种是被迫。

自愿很好理解，只跟自己的意愿有关。那被迫是被谁所迫？通常是另一半。那么问题来了，秀恩爱看起来只关乎自己的幸福感，为什么会有人对另一半不在朋友圈或其他社交场合秀恩爱感到不满意呢？

原因是秀恩爱还有另一层意思，那就是在对方的交际圈里宣示主权，将自己和对方相绑定。

一般来说，一个人不会明着在自己的公开社交场合塑造一个同时跟多人交往的形象，因此只要自己先占住位置，让对方的朋友都认为自己是"正牌"，他想要再偷偷和别人交往的成本和难度自然就提升了许多。所以，有一些人不仅乐于看到另一半秀恩爱，在另一半不秀的时候还会表现出不满意。

但是以上说法也不绝对，还得看其他因素。例如有人就不解，为什么我在自己的交际圈秀恩爱，明明是给对方提供了安全感，怎么对方反而不高兴了呢？

这里的原因不止一个，可能是性格原因，可能是绑定意愿不足（如果对方不愿意被人知道正在跟你交往，自然就会对你秀恩爱的行为表示不满），可能是比较关注隐私，可能是不愿被共同好友知晓，也可能是自认为价值远高于你，所以你的秀恩爱行为在对方看来是自己被"利用"了（你利用他获取面子）。

整体来讲，秀恩爱虽然是一个短期获取幸福感的途径，但对于长期维系感情来讲，基本是不利因素居多，尤其是频繁秀恩爱。

如果你想更好地克制这种冲动，必须先明白自己维系这份感情到底是为了什么，是真的为了感情本身，还是只将感情作为炫耀的一件工具？如果是后者，则感情注定会渐渐滑坡，因为你永远会找到更称手的工具。

为什么
PUA 总能得手

PUA 是怎么运作的

PUA，全称叫 Pick-up Artist，俗称"泡学"，是一种抛弃了道德束缚以后的极端爱情心理学，它的主要目的是操控多段情感关系。

听起来好像很厉害的样子，其实一点也不，**它只是概率学、心理学及骗术结合起来在爱情领域的具体应用而已。**

PUA 的目的和本书完全是两个极端。本书探讨的是如何掌控一段关系或配合高认知度的另一半，以便让一段关系中的爱情成分维持得足够久，而 PUA 教的是如何让更多数量的另一半陷入与 PUA 实施者建立的亲密关系中而无法自拔，并为此付出最多的成本。

PUA 实施者的操作步骤大体是这样：

1.筛选目标（以颜值、身材为准）；

2.包装自己（晒豪车、名表、周围的漂亮异性）；

3.虚构经历（越酷、越离奇越好）；

4.引起对方重视（各种第一次都是你的）；

5.扭曲对方观念（放大你的小错，让你低估自己）；

6.引导对方持续单方面付出（时好时坏的情感虐待，让你为了获得"我对你好"的体验而不断加倍付出）。

上述1是概率学，2和3是骗术，4、5、6是心理学，拆开来看，一点都不神奇。

那些追求短期关系的PUA实施者只以数量为目的。他们会先给自己的身份做一些包装，然后每天不停地接触人。你可能也遇到过这样的行骗者，觉得对方很蠢，甚至有点好笑，因为你根本不会感兴趣。可这对他们没有影响，他们不追求成功，只骗那些本身就容易上当的人。

那追求相对长期关系的PUA实施者呢？你若看到有人有使用步骤5和6的嫌疑就要当心了，这往往意味着他们试图在这段关系中掌控你。他们会想方设法让你产生愧疚，从而不好意思否决他们提出来的任何建议。而引起你愧疚的方式往往是扭曲你的判断，放大你的"小错"，甚至将没错都说成有错，以此让你的愧疚越积越多。

与此同时，他们会在你特别高兴或特别愧疚等意志力薄弱的时候，让你留下一些"把柄"用来表达爱意，例如隐私照片等。注意，这里的底线是一定要守住的，"客观把柄"

就是永远被困住的牢笼，将使被掌控者彻底成为掌控者的提线木偶。

综上，PUA实施者这一套"连击"很容易抓住人们的某些弱点，因此受害者并不在少数。从获得一段短期关系的角度来看，他们的成功率确实不低，但也由于同时交往的人数太多，或每次都不付出真心实意，实施者注定无法通过它进入到一段深度关系中。

所以，如果你追求的是一段高质量的长期关系，PUA并不管用，甚至有很大的副作用，导致今后都留下某种错误的相处习惯，永远都无法获得亲密关系中的真正幸福。

PUA伤害的不仅是受害者，还有使用者本人。

如何远离PUA

对于致力于短期关系的人来说，他们并不知道自己正在饮鸩止渴。他们不仅不会远离PUA，还会在网络上搜寻各种技巧或花费昂贵的成本去学习，但对于致力于长期关系的人而言，就一定要学会避开PUA。

我们假定使用PUA套路的是男性（性别交换自行推导），那么女性该如何最大限度地避开这些人？

1.通过更优质的路径社交

如果你不是在通过"探探""陌陌""摇一摇"之类的方式认识陌生异性，那么你将极少有机会遇上PUA实施者。因为通过这类方式批量认识人更便捷，且认识的人中得手概率更高——在这些群体画像里追求一段短期关系的人的比例更高。

既然PUA实施者喜欢在这里找人，你就得反其道而行，避免去这些平台社交。如果你没有火眼金睛，那么通过其他路径社交就安全了许多。

2.别轻易相信运气

几乎每个人对自己的认识里都藏着两种观点，一种认为自己非常优秀，配得起任何人，这是出于"自尊"需求，在别人表现出"看不上"的时候，能用这种观点予以回击，避免心灵受伤；另一种认为自己非常平凡，这是出于"警惕"需求，避免被突如其来的好运冲昏头脑，因为"天上掉馅饼"的事情里常常藏着陷阱。

一个人必须懂得在什么时候让哪一种自我评价出现。如果平时你的异性同事、朋友各方面都不怎么样，也没有对你表现出异样的热情，你就要对貌似条件很好的对象的追求或示好有足够强的警惕，因为其是陷阱的概率极大。

很多女性在事不关己的时候是有警惕性的，她们甚至会给闺蜜出谋划策，但在触手可及的"美梦"面前，就很容易被眼前的刺激麻痹了理性。为什么大脑会自动屏蔽警惕？其本质是某些人愿意用"万一"的概率去搏一个"翻身"的机会，所以潜意识让大脑自动关闭了预警开关，殊不知PUA实施者盯着的正是这一点。

3. 建立正确的爱情认知体系

当PUA实施者试图掌控你的心智时，他们会使用一些手段，例如我们前文说的对你的小错进行放大，甚至不是错都说成错，他们还会试图"引经据典"，引的往往是对他们有利的网络"金句"。

如果你没有建立正确的爱情认知体系，你就会觉得"某导师都说了应该这样，那我应该是做错了吧"，于是正中圈套。

阅读本书就是一个帮助你重塑爱情认知体系的机会，当你建立起属于自己的爱情认知体系，用逻辑去分析任何所谓的权威金句时，就会发现90%以上都经不起推敲，对方自然就无法对你进行洗脑。

面对无法被洗脑的你，通常对方就会找个借口离开你，毕竟他们要的是效率，不会在难以得手的对象身上浪费时间。

所以，只要你成为一个不符合PUA实施者目标的爱情智慧较高的人，自然就能躲开他们的袭击。

第六章

— 掌控 —

引领幸福走向

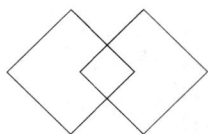

突围方向 ▷

很多人都说要在爱情中把"幸福"掌握在自己的手里，但没办法做到，因为他们往往爱情智慧不足，还试图强行引导一段关系的走向，最终将关系带到了沟里。

真正想掌握幸福的人，要的并不是"权力"。他们非常乐于将时间花在学习上，同时通过一些潜移默化的方式去引导另一半的思想和行为 —— 真正高阶的掌控，令人感到舒适又不易被察觉。

认知清单 ▷

1.人之所以为人而不是动物，不是去除了动物性，而是在表现出动物性的时候能够用理性去克制行为。

2.如果我们能将自利一直很好地藏于利他之内，双方都认为对方对我们的好大于我们对对方的好，爱情基本就能一直存续了。

3.在爱情里，尽量不要让对方预知你的行为模式。

4.我们必须让对方觉得每一分付出都很值，对方才有更大可能重复甚至加大付出的力度。

5.好的模式要在有机会的时候便一以贯之，越早开始就越能执行到底。

6.时间可以被动治愈伤害，但我们还可以主动治愈。

7.被伤害以后最不能停的做法是什么？寻找下一位。

8.若想转移注意力，就要用紧急和有密度的新事件来覆盖原先的注意力使用点。

9.修炼爱情智慧的主要目的并不是为了获得爱情，而是修炼自身。

爱情需要
一点心机吗

夫妻之间应该绝对坦诚吗

有人提出，夫妻或恋人之间就该绝对坦诚。

大部分人点头称是，理由看起来很明显：如果一个人足够光明磊落，有什么需要对另一半隐瞒的呢？如果有隐瞒，就是自认为这件事不能让对方知道，甚至有可能伤害到对方利益——作为健康的利益共同体，怎么可以容许这种现象存在呢？

这种相处模式听起来有道理，实行起来却困难重重。

绝对坦诚意味着没有任何秘密，但人性决定了这种相处模式必然走向崩盘。人之所以为人而不是动物，不是去除了动物性，而是在表现出动物性的时候能够用理性去克制自己的行为。例如，我们在街上看到第一眼就特别喜欢的异性，多少会有心动的感觉，此时你的另一半问你的真实感觉，你能把包含性冲动在内的感受一股脑儿表达出来吗？不能，因为你的另一半同样拥有动物性，他会嫉妒，会生气，会报复，所以你无法坦诚。

为什么大家明明自己做不到，却赞同"夫妻间就该绝对坦诚"呢？这其实是出于私心。

这个世界上所有的"约定俗成"或看起来大家一致认同的"规范"，都是符合大部分人的个体利益的。

大家认同"夫妻间该绝对坦诚"，其实本质上是希望别人能够先绝对坦诚，这样自己就能处于一个绝对安全的状态，因为无论自己是不是回报以对等的绝对坦诚，都至少不吃亏。

那如果有人在言语上表示不认同呢？别人就会猜测他是不是想做一些为了自己的个人利益而违背双方共同利益的事情，于是别人在跟他的相处中就会先有所保留，如此，不管他在这一刻事实上是否坦诚，他都不能占到任何便宜——无论一个人真的认同还是假的认同，在言语上不认同是最不划算的事情。

所以，大家都同意某个观点，不代表大家真的都能如此要求自己，这是两码事。

绝对坦诚一定是绝对寸步难行。

你的心机属于哪一类

我在小的时候，就发现人们对"心机"有多种定义：念书的时候，有些孩子会故意不把解题思路教给同学，有人说这就是有心机——这种心机体现在那些学生认为自己跟同学在进行一次零和博弈，我教给你，我成绩的相对排名可能就低了；还有一些孩子，跟谁都处得特别好，大家都特别喜欢他们，有人说这也是有心机——这种心机体现在他们想在未来获得更多回报，所以常常表现为"利他"，如果用合作博弈来形容，他们希望和更多人有长期的利益交互，且往往愿意主动迈出开头的那一步。

这两类人是完全不同的，因为第一类人是那种在大多数合作博弈中都不愿意迈出第一步的人，他们更在意的是局部得失——我教你，万一下次你没教我，我岂不就亏了？

我们知道，没有人是绝对意义上利他的，人最先的动机一定是为了自己（详见《认知突围》中的论证）。基于这样的特点，我们把这两类人进行一下归纳：**一类是只以自己的短期绝对利益为先的，另一类是愿意用短期损失去换取长期回报可能性的。**

那么回到我们开头的问题，你属于哪一类？

一般而言，人们更愿意跟第二类人相处，但我们自己往往属于第一类人，或者说我们至少会等着那个跟我们交互的人表现出第二类特征，才会放弃执行第一类模式，切换成第二类模式。

第一类人真的不容易吃亏吗？这得看我们用多大的视角来看待。

对于第一类人来说，他们看起来总是安全的，宁可不获利，也不吃亏，总能够在自己的认知范围内追求到自身的短期利益最大化。如果从这个视角来衡量，显然第二类人吃亏的概率更大，这也是第二类人在执行策略的初期，尤其是未见成效时，常会被人说傻的原因。

但第二类人并不总是碰到不回报的情况，所以只要一直抛出橄榄枝，愿意首先在交换中承担风险，就算收到回报的概率较低，绝对值肯定也比第一类人多，尽管不一定更有性价比。他们往往不怎么在意谁回报了、谁没回报，只要算一个概率，例如80%能收到回报就可以了，至于谁是那20%并不重要，因为或许下次20%和80%里的人员组成也会更换。

随着第二类人越来越成为资源和利益交换的中心，他们往往就会得到额外的红利，从而碾压第一类人。

爱情里的"心机"也是同一个道理，只不过从平常的多人多次博弈换成了单人多次博弈。

在和另一半相处的过程中，我们并不常常遇到选A的满意度是100%，选B就是0%，而对方选A的满意度是0%，选B是100%的情况，这种就是很明显的"要么满足我，要么满足你"的选择题。

更常见的情况往往是这样：我想要A或B，另一半就想要B，我对A的满意度是90%，对B是80%，而另一半对B的满意度是90%，对A是0，这时候怎么选？

那些看上去就很有心机的人会对A据理力争，"这就是一次家庭地位之争，当两个人对想要的东西有分歧时，谁家庭地位高往往就听谁的"。但是这样就真的赢了吗？另一半可能家庭地位不够高，所以输了这场意愿之争，但生活中的博弈太多了，他总会有主导选择的时候，如果他也按照这个策略选，两个人的总利益是否最大化了？如果不是，说明这就不叫心机，叫愚蠢。

那么，如果我们选B呢？看似我们在这次博弈中示弱，把利益让给了对方，但我们的满意度只从90%跌到了80%，而对方实实在在地从0提升到了90%，因此他会在下一次"我们选A的满意度为90%，选B的满意度为0，而他刚好相反"的博弈中选择主动退让，让自己的满意度为0，因为在他的心目中，这是一种等价回馈，但对我们来说可不等价，当然是我们赚了。

如果我们和另一半能常常用这一类"心机"去相处，能

将自利一直很好地藏于利他之内，甚至双方都认为对方对自己的好大于自己对对方的好 —— 我们用了"心机"后，明白自己实际牺牲了多少，就容易高估对方的牺牲 —— 这就是爱情能一直存续的秘密。

如何让付出与
被付出的效用达到最大

如何让另一半对你的付出感到满意

当认真进入一段感情时，我们多少都会为对方做一些事情，在这个过程中，我们当然希望对方对我们的行为感到满意，哪怕对方并没有明显表达出来，但至少能让我们察觉到对方是满意的，我们就会感到欣慰。几乎不会有人为对方做事是希望对方不满意或无感的。

那么如何让对方对我们的每一次"付出"感到满意呢？我们先来看个例子：

很多有对象的人对情人节之类的节日都有一种复杂的感受，起初都是激动，因为在情人节做出点什么表示，可以增进跟对方的感情，但几年后就犯了难，因为上一次表示了，这一次就不能不表示，于是"该做点什么"的日子就会只增加不减少。且对方的期待值已经以上一次为基准了，所以这一次的质量还得优于上一次，否则对方就会比你一开始没有表示更为失望。

看起来像是无解，那么如何打破这样看起来"无法躲避"的陷阱呢？**你需要提前对对方的期待值做好管理。**

我们都有一个倾向，就是在心仪的对象面前拼命展示，无论是单纯地希望对方开心，还是想炫耀自己的能力，抑或是希望对方能给予更多回报，总之就是希望对方对我们有一个较好的评价。

这同时也是问题所在，我们很容易在一开始就竭尽全力，让对方对我们有一个很高的期待，接下来对方就很可能对我们有一个"每况愈下"或"其实不过如此"的评价——如果你只想"先得手再说"当然没有问题，如果不是，就会有很大问题。

也就是说，当对方对你的期待越高或你的人设越完美时，你能满足对方期待的可行动区间就越小，即你要维持的这个当前状态就越脆弱，你就越容易让对方失望。

所以，正确的方式是**尽量不要让对方预知你的行为模式**。我们还是以情人节送礼物为例：

一年中情人节只有 1 天，如果你是一位男性，你每年都在这一天送礼物，显然，从情人节的前几天开始，你的另一半就在期待你的表现了。可能她会在几天前无意中对你说起自己喜欢什么，就算不说，也会盘算你会给出怎样的惊喜。

如果你在当天的表现没有如她的意，就会有点麻烦，因为你没有达到她的预期。

管理对方预期的最好方式就是让对方没有预期，一年中除情人节外的日子还有 364～365 天，同样是一年送一次礼物，如果你选在了情人节以外的日子，且次数不固定，由于对方没有任何规律性预期，于是无论哪一天收到礼物，无论收到什么礼物，都是惊喜，而又由于你已经被认为不是一个必须在节日才表达情感的人，对方就不太会在意你在节日的表现——避开了和其他人的集中攀比。显然，这种表达方式就比"必须在节日表达"简单有效许多。

同时，由于这种灵活的方式让你少花了很多心思，你就不会对对方是否有对等回馈而斤斤计较——不惦记着索取，双方的相处也会更为和谐。

当然，这里的前提是你们已经在一起，且双方都会为更为长远的利益而拒绝一些短期诱惑。如果某一方还没有拒绝其他人的追求，那么显然这种方式并不适用。

总结一下，管理对方的期待值是让对方始终对你处于一种什么样的期待呢？**零期待，无时无刻不保持着"不给我是正常的，给我我就赚到了"的状态。**

具体到行为上，你需要在那些**"普通而高频"**的事情上尽量降低对方的期待值或让对方保持零期待值，因为你无法一直在高频的事情上只进不退。然后再非定时地、出其不意地有一些对对方好但又显得非刻意的行为（不让对方产生回报压力），这样对方的满意度就会变高。

有"练习对象"的话，今天开始就可以尝试。

如何引导对方不断付出

一直以来，我们都是以一个"引导感情向着平等、自由、持久的方向运行"的准则来调整自己的思想和行为的，为什么我们会想要引导对方不断付出呢？这不是违背了上述原则吗？

我们说的"引导"不是强迫，而是让对方在感到舒适的状态下自愿付出，它除了让我们得到一些显而易见的收益外，更重要的是会增加双方的感情紧密性。

和很多人的思维恰恰相反，让人类产生难以割舍感觉的最优方式并不是"别人为我付出多少"，对于一个没有"知恩图报"观念的人来说，别人的付出并不能带来多少难以割舍的感觉，反而是"我为别人付出多少"的沉没成本会让他无法舍弃。

因此，当父母对子女过度付出的时候，难以割舍的往往并不是子女，而是父母。因为父母对自己的付出太过在意、印象太过深刻，就会难以接受子女突然离开身边或突然忤逆的行为。

所以，就算不为了对方付出后自己能得到的收益，只是单纯为了让对方产生更多的沉没成本，在情感上跟我们绑定更深，我们也需要引导对方自愿多付出。

怎么引导呢？**我们必须让对方觉得每一分付出都很值，这样对方才有更大可能重复甚至加大付出的力度。**

很多人都容易忽略另一半的"习惯性付出"，就像倒水这种小动作，当陌生人给我们倒水时，我们会说谢谢，但当另一半做这种事情时，我们通常不会表达感谢或容易忽略。

习惯是一把双刃剑，当我们习惯了某事之后，就会对随之而来的好处或坏处逐渐麻木。坏处也就罢了，若是好处，则会让我们损失部分本可以获得的幸福感。但这都不是最重要的，最重要的是别人可能并没有完全习惯，于是他偶尔想到自己的付出被视作理所当然，就会降低做出这种付出的频次，直到不付出，或把情绪积聚起来在别处爆发。

有些家庭里，夫妻双方会为"谁来做菜"这样的事吵得不可开交，原因往往就在于一方在做菜这件事上无法获得足够多的成就感，这种成就感基本体现在另一方的正面反馈之上；另一些家庭里，某一方甚至双方都非常喜欢做菜，往往就是由于在这件事上能够接收到足够的正面反馈。有人可能会认为有些家庭在最初组建的时候就至少有一人能把菜做好，而另一些家庭就没有这个"先天优势"。其实不是，把菜做好这件事并不难，就算一开始有人会做，最后也可能不愿意做；就算一开始都不会做，最后也可能抢着做。这几乎跟"技术"无关，而是跟意愿有关，而意愿就跟"对方如何反馈"有关。

所以所谓"引导对方付出"的关键，就是要让对方的每一次付出都得到即时的正面反馈，无论是语言反馈，还是行为反馈。

它的目的主要是两个：

1. 及时消除"恩惠"，避免对方总是将"我们是否会给予回报"搁置在他的大脑待机区域。

2. 给对方一种暗示，暗示只要你付出，我就有回报，这次可能是语言反馈，下次可能是其他形式的反馈。

为什么
好的爱情从第一天开始

为什么好的模式要一以贯之

当我们说到将在情人节做表示改为在其余日子不定期、不定量地执行时，很多人会表示难办，因为他们或许已经连续10年在情人节送了礼物，现在突然改了模式，对方就可能产生强烈的"**戒断反应**"，通常表现为诸如"你是不是不爱我了""你没有以前对我好了"的念头。

这还不算最差的情况，最差的是对方可能会意识到你在对他做"期待管理"，或者虽然对方没有这方面的意识，但感觉你在耍把戏、耍心机。一旦对方产生了这样的感觉，你的一切行为无论初心如何，都只会往更差的效果方向发展。

因此，如果你还没有另一半，恭喜你，你有机会让未来的另一半看到一个你希望他认识的形象。这个形象并非没有规则，只凭自己的喜好去塑造，而是必须在不损害你在对方心目中的价值的前提下，对你而言最自然、维护起来最轻松的，如此一来，你才不会在未来由于要保持住某个自己并不习惯的形象而付出较多的额外精力。

这里同样要注意时间节点，如果你正和多人一起竞争，使用一以贯之的期待管理策略的前提是你能在其他方面完胜其余竞争者，否则很可能连第一步"在一起"都完不成，那后面就无从谈起了。仅当你和对方确立了关系，且对方愿意跟你一起开展一段较长时间的关系并愿意为你去拒绝其他诱惑时，这种策略才可以启动。

只是这样还不够，还得注意先后顺序。例如送礼，要想改变情人节的送礼状态，就一定要在其他日子先送且最好送不止一次，情人节的时候才可以规避掉"送礼"这一环节，转而用吃饭等更为平常和轻松的庆祝方式来替代。如果在情人节之前你还未有任何表示，那你最好还是先在情人节展示诚意，以示你并不介意跟他人比较，且有能力比他人做得更好。

好的模式要从有机会的时候便一以贯之，越早开始就越能执行到底。 执行一种差的模式越久，尤其是差的模式还被对方认为对他有利时，就很难再扭转过来。一旦你有试图改变的苗头，对方就会非常敏感地从利益上猜测你的动机，这种猜测往往是朝着纯利益零和博弈的方向，这就可能造成裂痕和误解。

相处模式已进入恶性循环了怎么办

好的爱情当然从第一天开始是最理想的，但如果当前的我们已然处于一个恶性循环的相处模式之中，是否还有扭转过来的可能性？

关键得看哪一方面。其实我们在之前的文字里已经涉及了多种恶性循环的模式，我们也可以借此机会将其统一拎出来，看看有没有解决之道。

1.无话可说

越是在沟通的时候在意时长，就越会失去沟通欲望，而越是失去沟通欲望，在聊天过程中感到"煎熬"的时间占比就越大。

要打破这种循环，不能在生活现状没有任何改变的前提下突然将沟通时长缩得很短，这种异常会让正常人产生猜测：是不是发生了"移情别恋"？

你需要做的是找到一件特别忙碌的事，一件不够就多增加几件，忙碌到没有大段通话的时间，这种恶性循环慢慢就会不攻自破。

2.对另一半的付出理所当然

如果你的另一半对你的付出已然麻木，甚至觉得你做得好是应该的，做不好就是没尽到义务，就说明你在行为上已然没有办法让他满意，只能从思想上改变他。否则你越想做得符合他的期待，他对你的期待就越高，"应该"的标准就越高，到最后你会越来越发现自己什么都"做不好"。

要打破这样的循环，只能坐下来心平气和地长谈，把彼此的权利义务做一个清晰的分割，把每个人做的事进行估值标价。如果对方认为你做的某些事不值你标的价格，你就放弃不做，让他亲自体验到底值还是不值，如果最后发现值，循环自然就破了；如果最后发现真的不值，那么该调整心态的就是你自己。

那如果你就是那个"麻木"的人呢？当你有幸读到这里，也意识到这回事的时候，就从这一分钟开始，对你的另一半为你和你们的公共利益做的每一件小事都说一声谢谢，或给予简单的回报。注意，是每一件小事，每一件。相信我，你们的关系在短期内就会有质的飞跃。

3.不看手机不舒服

很多人难以抑制翻看对方手机的冲动，这有可能是受之前的感情经历影响，也有可能已然在无意中发现另一半手机中有什么值得怀疑的信息。可是情况是这样的，你翻得越仔细，就越有可能翻到一些细枝末节的信息，甚至将想象中的画面当成事实，越是如此，翻手机的冲动就越强烈，从而走上恶性循环之路，想控制也停不下来。

每个人身处社会，多多少少都要跟同龄异性打交道，毕竟世上总共就只有两种性别。而每个人在一生中都很难完全不对另一半以外的异性有一丁点儿心思，只要动了心思，就大都会留下些痕迹，不查或者浅查无法获得，只有刨根问底的深查可以。

其实很多时候本来也就是一时的内心萌动，过了那一瞬间就不再想了。若是揪住那个时刻不放，既为难别人，也为难自己，一无所获又破坏感情。

如果你的另一半正是这样疑神疑鬼的人，要打破这个循环，就只能将手机不设密码。你越是不让看，他就越是想看，虽然你可能有能力让他永远看不到，但他一定会对其他信息比之前更为敏感，这就是出于安全感的连锁反应，最后整体也会对你不利——不设密码，想看就看，还常常拿着手机跟他一起翻看有趣的聊天记录，他的这种"病"才能慢慢治愈。

而如果你恰好是那个疑神疑鬼的人，且已然很难自控，正巧另一半又是非常注重个人隐私的人，什么都不给看，那我会建议你从对另一半的在意程度上入手。

上述症状的产生，通常是由于你对另一半的在意程度到了病态的地步，才如此害怕失去。如果你能更关注自己的生活状况和个人提升，同时保有自己的私人空间，并结交一群志同道合的好友，当对方在你生活中的所占比重没那么大的时候，你的病症就会减轻，这种恶性循环也就渐渐不存在了。

4.等待对方先道歉

为什么我们在前面会提到两个人在一起以后，只要冷战窗口开启过第一次，接下来每一次冷战的持续时间都很可能会越来越长？

因为人是会计算的动物，我们都希望在不打破一段有利关系的基础上尽量把利益拿到自己这边，"和好"当然对双方都有利，但道歉一方在这种"有利"中的获益显然没有另一方那么多，于是我们都希望另一半先道歉，这样自己既维持了尊严和地位，又白白享有了"和好"带来的收益。

在这种博弈关系下，**道歉意愿首先跟"和好"后能得到的收益正相关**。如果还在热恋期，彼此都认为"失去对方"是一件损失很大的事情，道歉就会变得更及时，反之则能拖就拖——它的本质是对另一半有了审美疲劳、感情疲劳或更低价值的判断，"和好"带来的收益就没那么大了。

其次，道歉意愿跟"预计对方能熬多久"及"关系在冷战多久后可能会彻底破裂"有关。假如在某次争吵中，A先道了歉并得到了谅解，那么A就知道，只要在这个时间长度内道歉，通常就是安全的，作为另一半的B至少能忍受这个冷战时间长度，于是 A 就很可能在第二次争吵中刻意推迟道歉时间，一方面是测试 B 能熬的程度——当 B 看到我"拒不道歉"时是否会主动妥协？另一方面是测试 B 对冷战时间长度的忍受极限——在多久之后 B 可能会由于不满而升级冷战行为？

这些测试不是没有意义的，而是我们在人际交往中建立行为界线的依据——什么时候我可以选择尽量抢夺利益？什么时候我该主动妥协？

但这种状态显然是不健康的。你这么想，对方也这么想，"等待对方先道歉"的恶性循环一旦开启，冷战时间必然会一次比一次长，大家都变得一次比一次能"熬"，最后就很可能各奔东西了。

要打破这种循环，就要执行我们在上一章节提到的方法，双方一定要建立一个"必须和好"的规则并一以贯之，同时拥有一个共识——谁先打破规则，就视为对感情基础的破坏，双方就立即分开。

通过这样的方式来让彼此都不敢碰这根红线，在固定而合理的和好规则下将冷战时间压缩在你们希望的最大值内。

5.只以贵贱衡量礼物

好的规则当然最好从第一天就形成，但如果你已不幸卷入了一个"对方衡量你的礼物诚意只看贵贱"的循环中，如何去打破呢？

我们知道，一旦礼物只看贵贱，幸福就是不可持续的，因为一个人不可能永远送更贵的礼物，就算拥有家财万贯，财富终究不是无限，物质的贵重程度一样不是无上限的。

要把这种已然形成的观念和习惯彻底扭转过来，总共分两步：

第一步：从现在开始，坚决不送贵的。

你必须从某个时间点开始突破这个循环，最好的时间点就是现在。

但不送贵的不代表就送便宜的，你得跳出这个维度去送，例如送一些显而易见需要花非常多心思的、没有价格可以对标的东西。第一次凝结在上面的心思需要特别多，因为要跟你以往那些贵重的礼物做横向对标，之后就可以在更换了对比维度的基础上慢慢把花在上面的心思降下来。

这不是在教你"不要对另一半花心思"，而是在一次次的"驯化"中把对方衡量你诚意的标准改过来，同时让你自己在送礼物这件事上变得更轻松、更随机、更随心所欲。

第二步：努力变得更有钱。

这看起来是个"世俗"的建议，但它是有内在逻辑的——所有有钱人在礼物上花的"心思价值"都要高于穷人，尽管它们可能是一模一样的东西。

有钱人的时间更值钱，他们愿意放弃更多的赚钱机会来为对方做一件事，这本身就令人感动，而穷人往往被认为是"闲着也是闲着"。

因此你越有钱，对另一半平时越大方，在送礼这件事上做一些你想要的模式改变，最终达到的效果也会越好——否则在某部分人眼里，你做的所有让金钱占比降低的事都有"为了省钱"的嫌疑。

我无法在本书中穷尽所有恶性循环的相处模式，上面只是把相处过程中比较常见的恶性循环摘了出来，每个人都可以在此基础上推导出其他模式的解决之道，它们的底层逻辑都是相通的。

恶性循环不可怕，只要对方还处于"只要你不那么坚决打破循环，我能占多少便宜就占多少便宜"的状态，就都有解决之道。但如果对方的想法是"处于这个对我有利的循环中，我才跟你在一起，假如这种有利消失，我就对你一点不留恋"的时候，这种恶性循环就很难被打破了，因为它直接跟"打破关系"牢牢绑定了。在这种状况下，你就只有两个选择——忍受或者离开，至于选择后是亏是赚，就只是你自己的主观判定了。

被伤害后
如何治愈

感情的结束有哪几种形式

每一段感情最后都是走向终结，这是个终极结论，没有任何可讨论的余地，也不以任何人的意志为转移。

终结的形态可以分为以下 5 种：

1.被迫结束；

2.主动和平结束；

3.互相伤害后结束；

4.你单方面伤害了他人而结束；

5.他人单方面伤害了你而结束。

第 1 种是出于某些不可抗力造成的，最常见的就是死亡。就算感情一直维护得很好，当死亡降临时，感情还是要走向终结，因为我们所指代的感情是双方的，里面包含了交互，就算活着的一方还保留着情感，也只是单方面的念想，类似暗恋或者单恋，已非我们要讨论的感情形式了。

第2种还不错。双方都认为应该要主动结束，但可能结束不是某一方的错，只是不适合或某些客观因素导致，所以双方往往也不相互记恨。

第3种看起来是最差的一种。不过只要伤害的程度对等，双方都认可，并没有谁不服气，也算是一种不坏的结束形态。

第4种可能会让你内疚，但内疚这种情绪其实没有那么可怕。有人经常叫嚣"要让你内疚一辈子"，其实我们都夸大了内疚的时间持续效应。一个人在之后经历的事件密度越高，前面的情绪就会消散得越快，而内疚这种"已然占了便宜后产生的情绪"在自我保护机制的影响下消散得尤其快，所以这种结束形态也不可怕。

你更需要关注的可能是第5种。你自己处于"吃亏"的状态，且未等你"赚"回来关系就结束了，这时你可能会气不过，如果你的爱情智慧又有所欠缺，就最需要他人来引导你治愈自身。

治愈伤害是否只能靠时间

人们常说时间是最好的良药，时间可以抚平任何伤痛，如果伤痛没有被抚平，则说明你需要更多时间。

可时间是被动治愈，无论我们是否为治愈做出努力，它都会起作用，那么我们有没有一些主动治愈的方法来让这个治愈过程缩短呢？

当然有，我列举3种：

1.正面报复

人们在"吃了亏"之后因为"气不过"会选择报复，这无可厚非，但要看是何种报复。

我们说的正面报复往往指的是"我要让你刮目相看""我要让你后悔""我要证明没你会更好且让你知道"……这些都是有一定正面意义的，能给自己达成更好的目标增加一些动力。

但如果是负面报复，也就是所谓通过伤害他人来达成一些自己也没什么现实收益（例如仅仅是心理平衡）的目的，这就是件挺浪费时间的事。它唯一证明的就是你的自我情绪消化能力较弱，只能通过这种"浪费时间"的方式去弥补这种缺陷。

负面报复会浪费时间，浪费时间有沉没成本，所以收益为纯负；正面报复则不同，哪怕对方对你的报复行为不屑一顾，你为了让对方引起注意的努力全然失败了，但由于你专注的是自我成长和变强，只要你的目标设定兼顾了"自我成长"和"最能引起对方注意的点"，那么就算后者失败了，至少你还收获了前者。生活的整体变好对你而言也是一个大的收获，可以助你把之前的损失心态调整得更好。

2. 找到更好的替代者

如果你找不到更好的替代者，那么无论时间过了多久，当你想起来的时候就总会有遗憾，尤其是发现之前的另一半越来越好时，大多数人不会选择祝福，就算祝福也只停留在口头，事实上会加重遗憾。

要消除这种遗憾的感觉，唯有找到更好的替代者。只有彻底消除了"我当时做了一个错误决定"的想法，你才可以在真正意义上迅速痊愈，甚至会庆幸当时分了手。

这种"更好"还不能仅仅是"总分"更好，最好是全方位地超越上一任，否则对于没想清楚自己最看重的是哪些特质的人来说，可能会因为某些小的方面不如上一任，反而特别在意这些"已失去"或"被弱化"的特质。

所以，被伤害以后最不能停的做法是什么？寻找下一位。

当然很多人做不到，原因是这样做会被他人和自己认定为薄情，但这里就暗含了一个前提："如果一个人在短时间内转移了感情，证明他在上一段感情中投入得不够深。"

这有道理吗？其实完全没有，就算是"正在进行"的深度恋爱，一个人也可能对全方位超越另一半的异性动心，这种念头的产生几乎很难受到大脑控制，而之所以没执行，是被其他利益考量给拉了回来。分手后也是同理，如果一个人分了手还继续沉浸在上一段感情中，这并不能证明他特别"长情"，只能说要么是屈从于社会压力和对自我进行的道德束缚，要么是还没找到足够好的"下家"。

3.转移注意力

转移注意力和我们之前提到的"增加事件密度"有异曲同工的效果。

转移注意力并非提醒自己要把时间花在别处，人的大脑会自动按照事情的紧急和重要程度将注意力进行分配，你越是在大脑中告诉自己不要想"粉色的大象"，"粉色的大象"就越是会蹦出来。

所以**若想转移注意力，就要用紧急和高密度的新事件来覆盖原先的注意力使用点，将自己置于干不完的重要事情的环境中去**，那么之前由于被伤害而造成的心理创伤就会被削弱——没空反复想起，也就没法对自己造成反复伤害。

而这种看似短期有效的方式一旦有了令人欣喜的结果——毕竟可以选择一直用重要且有意义的事填满时间，其他的伤害带来的影响就会缓和很多。

我们很多时候经常说的痊愈其实是"反正不痊愈也没辙，所以只能告诉自己痊愈"的假性痊愈，最终还是要依靠时间来慢慢愈合，而以上三种方式可以帮助我们更快地实现这一目标。

什么是
爱情智慧

怎样的两个人才是爱情的最佳组合

到了这里，我相信每个人都会发现，原来爱情里学问有这么多，且都是完全遵循理性，而非模糊猜测、模糊感受就能理清楚的。我们平日里都惯于按感觉行事，按简单粗暴的自我利益行事，我们会奇怪爱情怎么稀里糊涂地就不见了，殊不知留住爱情靠的不是两个人在初期有多么合适、多么相爱或者多么一见钟情，而是"智慧"二字。

很多人可能会有疑惑，有智慧的人按比例来说是少的，如果只有智者才留得住爱情，那爱情对普通人来说岂不成了只能拥有一时的奢侈品？

爱情本就是奢侈品，但普通人也不是一定就没有爱情智慧，事实上爱情智慧分为两种：

1.通晓爱情产生和消亡的原理，了解每一个外在因素对爱情的影响，把控自己的行为。这需要极强的普世认知打底。

2.虽然没到第一种的程度，但能分辨什么是真正有智慧的见解，并愿意按照更正确的方式修正自己的行为。这是普通人能做到的。

两个人要在爱情上拥有最具持续力的幸福感，多数情况下至少有一人的爱情智慧要属于第一种或接近第一种，另一个人的爱情智慧可以是第一种，也可以是第二种，只有这两种搭配才是保持爱情持续力的唯二解，其余都很难——两个人都比较愚蠢，是最差的组合；只是一个人比较愚蠢，另一个人就会比较辛苦；两个人都不愚蠢，但都属于第二种爱情智慧，没有人用更高层次的智慧去引领一段关系，也会摩擦不断，最好的结果也就是前期伤痕累累，后期才磨合完毕。可爱情就像玻璃，就算破碎了粘好，观感也会大不如前。

人世间所有在爱情上的"辛苦"，基本都源于智慧不够。有智慧的人无论有没有金钱、地位，都能很幸福，他们可以物质第一，也可以超然物外。无论处于什么状态都无法影响他们对幸福感的获取，因为他们知道怎么"挖"出这玩意儿；而遇到一个愚蠢、无法认清自我且没有意愿改变的另一半，就真的能体会到绝望。有人可能会说，这不重要，只要另一半给我钱花就行了，我自己去别处寻找幸福和快乐，那你谈论的可能是婚姻或别的东西，不是爱情。

得到爱情智慧是否就能收获持久的爱情

我们解析了无数关于爱情的智慧，有人就会有疑问：我已经得到了这些爱情智慧，是不是就能收获持久的爱情了呢？

首先，读完不代表得到，用《认知突围》中关于知识的四个层次来表述，你得到的仅仅是信息知识，要将其内化为你的行事智慧，还有三个层次（信息知识—加工知识—体系知识—智慧）的差距；其次，**修炼爱情智慧的主要目的并不是获得爱情，而是修炼自身。**至于持久的爱情，只不过是由于你的智慧体现在了你的思想和行为上，从而可能得到的一件附属品而已。

很多人将爱情看成必需品，殊不知越将其当作不可或缺的东西，就越会着急想拥有，越容易挤压自己在其他事上的时间和空间，从而越会在爱情的具体点上变得"斤斤计较"，最后大概率导致体验感更差。

其实爱情只是众多人生体验的一种，当我们过于在意这一类体验的得失时，自然就会放大每一个相关行为的影响，于是当我们在其他方面由于付出时间和精力不够，得不到足够好的体验时，就会很容易联想到那些在爱情的付出中得不偿失的瞬间，从而怀疑自己在时间精力分配上的选择；仅有当我们能不因为过多地为爱情付出而影响我们对其他体验的享受时，才能更好地享受爱情带来的独有"惊喜"。

这些爱情智慧不是爱情独享的，而是可以扩展到人与人之间几乎所有的相处方式上的，其主要目的就是让自己成为更受欢迎、让别人觉得更舒服的人——这同样是一条爱情智慧。

后记

　　我一直想写一本关于爱情的书，但不是那种青春文学，而是一本真正用逻辑阐述清楚爱情是什么，以及如何更好地留住爱情的书，它必须在讲清楚道理的同时又具备极强的实操性，这样才符合我的期待。

　　不要小看以上条件，这条件或许能筛去90%的情感专家，而我做这件事的出发点，仅仅是为了让全天下的人都能了解到拥有长久的爱情是一种怎样美妙的体验 —— 这种"别人实践后的经历刚好论证了你的结论"的感觉让我上瘾。

　　本书的部分内容来源于"蚂蚁私塾"App里的"通往幸福之路"专栏，这是我做的一个能够免费又快速地把书读完的App，算是能为国人的人均阅读量做些微小的贡献。感谢专栏的读者，通过你们的海量提问，我才能总结出人们在爱情上的共性困惑，而这些困惑也督促我更为深入地思考人类情感的产生和消亡，以及人与人之间的相处博弈。

　　爱情这东西，易得难留，愿本书能常伴你左右，成为你爱情路上的一座灯塔，因为受益的可能不仅仅是你，还有你的另一半，以及身受"原生家庭"影响的下一代乃至世世代代。

如此，我们就真的做到了"功在当代，利在千秋"。

蔡垒磊

出版手记

　　追求爱与被爱，是每个人内心都有的渴望。我们常说"爱源于心"，也说"情不知所起，一往而深"，所以，爱情是没有理由的，它只是我们在合适的时间、合适的地点遇到了合适的人，只要遵从自己内心的感觉，以真心换真心，就能谈一场轰轰烈烈、无愧于心的恋爱。

　　然而，这么想着的我们在实践过程中时常陷入爱情僵局，或是寻寻觅觅，找不到合适的人；或是分分合合，抓不稳爱情的果；或是浑浑噩噩，抚不平缘尽的伤。到底哪里出了问题？是我们爱得不够努力，还是用情不够认真？其实都不是。往往就是爱得太过努力，用情太过认真，才会在爱情中注入过多的感性因素，被并不理智的情绪所控制，犹如紧紧拢住微弱的爱情火苗不放，急切地吹气，反而一口气吹熄了它。

　　其实，生活中，我们不可避免地会运用两种思维模式来思考：一是来自自我情感经历的个人主观思维，二是来自科学实证分析的外界客观思维。但实际恋爱时，我们都会下意识地以个人主观思维为主，因为爱情是被寄予太多美好意愿的珍贵藏品，所以我们会按照内心的梦幻蓝图去演绎爱情，想尽办法推着它走向圆满。这样的出发点自然让我们无法冷静地从大局去把控爱情的正确方向，无法做到理性与感性的平衡。这正是许多人感情受挫的主要原因。纯然理性的客观意见是无法从亲友经历、电视剧、小说专栏中获得的，那样得到的只是短暂的慰藉，治标不治本，你依然会在下次遇到爱情问题时做出错误的判断。为此，蔡叔从客观、逻辑的角度出发，创作了这本书，将爱情中那些过于理性的现实问题一一摊开在桌面上分析。这样你才能足够深入地了解自己，知道自己想要什么、适合什么，同时建立起自己的利弊权衡模型，获得解决爱情问题的能力，进而拥有完美和谐的爱情。

爱是不占有，也不被占有，因为爱在爱中满足了。